시간의 이끼가 덮인 서랍

장사현 수필집

시간의 이끼가 덮인 서랍

도서출판 진서

저자의 말

윤오영 선생의 글 「곶감과 수필」이 생각난다. 하얀 시설柿雪이 잘 앉는 곶감과 같은 수필을 쓰고 싶지만 꿈에 불과하다. 피천득 선생의 수필론 「수필」 이론에 맞는 수필은 도저히 쓸 수가 없다.

나는 1980년부터 공무원 생활하면서 글을 썼다. 이후 1991년부터 문학 공부를 하였다. 시詩는 어렵고 수필은 쉬운 걸로 여기고 수기와 자서전적 글을 쓰면서 수필이라 여겼다. 16년간 대학에서 창작 지도를 하면서 빛나는 이론을 가르치기는 했어도 내가 그 이론에 맞는 수필 한 편을 짓지 못했다. 그러다 보니 수필을 쓰기는 했어도 발표를 못했다. 독자를 만나기가 두려웠다.

그러나 어쩌랴! 수필가라는 팻말을 달고 있으니 독자에게 인사치레는 해야지 않을까. 그래서 시간의 이끼가 덮인 기억의 서랍을 열어보았다. 글 무더기 중에서 살아온 마디마다 기록으로 남기고 싶은 상념의 자투리 몇 편을 골라 수필집이라는 명분을 조심스럽게 붙인다.

이 책이 나올 수 있도록 협력해 주신 〈도서출판 진서〉 유진서 대표와 서평을 써주신 박양근 교수님께 감사드린다.

차례

저자의 말·4

제1부
우포늪에서 듣는 소리

우포늪에서 듣는 소리·12

유호연지柳湖蓮池·16

자계서원의 가을·20

자계월영紫溪月影을 보며·24

춘양역에서·27

춘양목春陽木을 바라보며·31

관능의 늪, 그 생명력의 향방·35

마실길·39

청라언덕을 생각하며·42

대구 문단의 르네상스를 형성했던 토담길국시마당·46

제 2 부
하얀 웃음

하얀 웃음·52

문학인은 많으나 문사文士가 그리운 시절·55

야망과 겸손·58

수필, 진실의 순도와 인간미·62

수필을 쓰는 사람과 수필인隨筆人·70

사회상규와 상식의 혼돈시대·74

중원中原에 우뚝 선 문학예술의 지도자 청하 선생님·77

지역 문학과 지역 저널의 역할·83

문학이 피운 경제의 꽃·91

웃고만 있을 수 없기에·97

낯섦과 낯익음의 조화·100

제 3 부
소리가 사그라질 때 이어지는 소리

소리가 사그라질 때 이어지는 소리 · 104

어머니의 감기약 · 109

연습 대상 아내는 지금도 연습 중 · 112

아내가 늙고 있다 · 114

기도의 힘 · 117

새롭게 피어나는 향수 · 120

전원생활을 시작하며 · 124

발표할 수 없는 소설의 첫 페이지를 보이며 · 129

사랑하는 은덕, 성덕에게 · 136

호구조사 戶口調査 · 142

소원은 이루어지는데 · 145

제4부
각화사 귀부 앞에서

각화사 귀부龜趺 앞에서 · 150

서호西湖에서 소동파를 만나며 · 155

달개비꽃 · 159

작약꽃 · 163

명함名銜과 명암明暗 · 166

책임지지 못할 사랑 · 169

시역예유죄언是亦羿有罪焉 · 173

삼청교육대 · 177

휴거 한다는 그날 · 182

동요와 가곡이 그리운 시대 · 186

서평

장사현 작가의 문애文愛와 인간애의 통섭 / 박양근 · 192

제1부

우포늪에서 듣는 소리

서정과 서사의 조화, 그리고 사색적 감성에서
유로流露되는 형상화된 수필을 쓰고 싶었다.
그러는 가운데 나를 성찰하는 마음으로 지은
수필 중에 몇 편을 골랐다. 대상의 아름다움은
있으나 그 대상을 표현한 문장의 아름다움은
미미하다.

우포늪에서 듣는 소리

늪의 소리를 조용히 듣는다. 수억 년을 살아 말보다 깊은 생명을 품고 있다. 바람이 불지 않아도 바람의 언어가 들리고, 잔잔한 물결 사이로 역사의 흔적이 유유幽幽하다. 갈대는 바람을 안고 진흙의 숨결은 고요히 흐른다. 갖은 물고기는 철새를 부르고 서로 내어주며 공존한다. 우포늪은 변하지 않는 자리에서 계절을 품는다.

봄이면 물안개 사이로 따스한 햇살이 고요를 깨운다. 갈대는 바람에 설레고 새들은 둥지를 틀기 시작한다. 작은 숨결이 다시 피어나는 시간 늪은 조용히 생명을 껴안는다. 짙은 녹음이 펼쳐지는 여름에는 매미 소리가 물결을 펼치고 가시연은 고요한 수면 위로 얼굴을 헹구면서 풍요로운 언어로 세상을 노래

한다. 갈대가 황금물결을 이루는 가을이면 그리움의 깃털을 달고 철새가 날아든다. 그 울음들은 바람 속 편지와 함께 새로운 사랑을 예고하고 있다. 철새는 잠시 머무는 것이 아니라 짧은 계절 속에서 영원을 꿈꾸며 잊힌 계절을 알려준다. 모든 소리가 잠드는 겨울이면 물길은 얼고, 깊은 곳에서 또 다른 봄을 기다리며 조용히 숨을 고른다.

참 오랜만에 우포늪을 찾았다. 45년 만이다. 1980년 초임 순경으로 창녕경찰서 대합지서에 발령을 받았다. 기본근무 중 가장 중요한 게 순찰이다. 그 노선에는 신당, 소야, 주매, 목단, 용호 마을이 우포늪을 경계로 하고 있다. 당시 우포늪 일대 주민들의 생활 환경이 좋지 않았다. 메기가 하품만 하여도 논밭은 물에 잠겼다. 일부 주민들은 내수면어업을 하여 가물치, 메기, 붕어 등 고기를 잡아 생계를 유지하기도 했다. 지금은 4대강 개발로 모든 토지는 옥토가 되었고, 우포늪은 관광지가 되면서 경제 브랜드가 되었다.

우포늪의 생태 보호구역은 이백오십만 평이 넘는 원시의 저층 늪이 그대로 간직되어 천년기념물 제198호인 따오기를 비롯한 멸종위기에 있는 큰기러기, 노랑부리저어새 등 희귀 철새와 여러 종류의 연꽃, 마름 등 동·식물이 서식하고 있다. 국내 최대 규모의 자연 내륙습지로서 태고의 신비를 간직하고 있다. 우포본 늪, 목포 늪, 사지포 늪, 쪽지벌 늪 등으로 나눠지면서 하나의 거대한 자연 생태 보고寶庫다. 천년기념물 524호 지정과 람사르협약 체결이 되었고 현재 유네스코 세계자연유산 잠정목록에 올랐다.

내가 근무할 당시에 늪은 참으로 환경이 깨끗하였다. 그런데 지금은 관광개발로 인하여 자연이 훼손되고 있다. 곳곳에 생활 쓰레기가 호수를 뒤덮고 있다. 늪의 숨결이 흐려지면서 침묵으로 아픔을 외치고 있다. 늪은 그냥 물과 진흙이 아니다. 수만 생명의 집이며 미래 세대를 위한 안식처다. 우리가 지키지 않으면 이 고요한 아름다움을 만날 수 없다. 이제 우리는 우포늪의 목소리를 듣고 환경보호를 실행하자. 파괴가 아닌 보존으로, 소유가 아닌 공존으로 여겨야 한다.

우포늪은 수서 식물水棲植物의 보고이고 곤충박물관이며 철새의 왕국이다. 태고의 신비를 품은 거대한 역사를 묵묵히 기록하고 있다. 우포늪은 오래된 서랍이다. 잊힌 계절들이 차곡차곡 접혀 있는 시간의 이끼가 덮힌 서랍이다. 그 서랍을 열어 한 장씩 펼쳐본다. 물새의 날갯짓, 갈대의 숨결, 개구리의 첫울음 같은 작은 생명들의 연필 자국이 남아있다. 우포늪은 숨 쉬는 거울이다. 자연을 닮은 인간을 비추되 자연을 잊은 인간을 반성하게 한다. 그 안에서는 하루가 천천히 익어가고 발소리는 파문처럼 번져 사라진다. 그곳은 기억이고, 숨결이고, 우리에게 남겨진 마지막 묵상이다. 우포늪은 우리의 어머니고 아내다. 말 없이 생명을 품고 흙으로 젖을 물려주는 넉넉한 품이다. 그 품 안에서 새들이 자라고 잠자리도 날개를 편다. 물 아래 숨겨진 뿌리처럼 늘 뒤에서 조용히 그리고 깊게 살아왔다. 인간들이 몰려와서 상처 내고 떠난 자리도 늪은 탓하지 않고 모든 생물을 다시 피워내고 있다. 아무도 보지 않는 새벽에도 온 생명을 품고 묵묵히 살아가는 어머니고 아내다.

 자연을 지키는 일은 곧 인간 자신을 지키는 일이다. 우포늪을 걷다 보면 그 느릿한 시간 속에서 인간의 야망과 욕심은 얼마나 빠르고 거칠었는지를 깨닫게 한다. 이제 자연은 정복의 대상이 아니고 배움의 대상으로 바라봐야 한다고 일러주는 걸까. 이곳의 소리는 언제나 작고 조심스럽다. 물 위를 스치는 잠자리 날개의 부드러운 떨림, 이끼 낀 나뭇가지 사이 삐걱대는 바람, 그 끝에 매달린 도롱뇽의 젖은 발소리. 한낮 햇살 아래 지느러미로 말을 주고받는 물고기와 물결이 부딪히는 갈대숲에서 허공을 찢는 백로의 날갯짓을 보면서 눈을 씻고 귀를 씻는다. 문득 환상처럼 떠오르는 102세의 어머니와 70을 앞둔 아내의 모습이 초췌하다.

유호연지 | 柳湖蓮池

이서고국伊西古國 이천년의 역사 혼이 잠기고 조선 오백 년의 묵향이 서려 있다. 버들잎이 물을 물고 바람 한 자락 건너올 때 흔들리는 건 버들잎이지만 그 진동은 내 마음에 전해져 내면의 물결이 인다. 물을 머금은 연잎은 연꽃을 감싸 안고 잠잠하며 호수에 가득한 홍련이 조용히 그 속 마음을 피워낸다. 이만 평 연지는 바둑판같이 수만 갈래의 길을 열고 수만 수手의 생각을 연다.

이른 아침에 산책을 나왔다. 물안개가 잔잔하게 피어오르는 유호연지 원관교遠觀橋 앞에 서서 생각에 잠겼다. 한 선비가 지혜를 모아 심연을 만들었고 연꽃의 형상을 빼어 군자정을 세웠으니 수단화 송이마다 선비 정신이 흐른다. 진흙탕 속에서도 아름다운 연을 피우듯이 길 위에 길을 놓고 진리를 쫓으니 찬란한 연지 위에 맑고 청정한 언어의 꽃이 피어 문향이 그윽하다. 나는 소나무 숲과 군자정君子亭 사이로 저 멀리 보이는 영남문학 사무실을 바라보며 한 선비의 삶의 흔적을 생각한다.

유호연지는 고성이씨固城李氏 청도 입향조 모헌공 이육慕軒公 李育 선생이 조성하였다. 선생은 원래 안동에 살았었다. 연산군 시대에 무오·갑자사화를 겪으면서 부친이 부관참시 되고 형들이 처형 또는 귀양을 가는 등 가문이 수난을 당하자 벼슬을 버리고 이곳에 와서 버들 숲을 개간하여 연못을 팠다고 한다. 그리고 마음을 다스리기 위해 송나라 때 주돈이의 '애련설愛蓮說'을 생각하며 연을 심고 군자정을 지은 후 후학을 양성하였다. 이곳에서 유림들이 정기적으로 모여 글을 읽고 시를 지었다 한다. 이후 그 후손들이 번창하여 큰 문중을 이루어 고성이씨 세거지世居地가 되었다. 청도 팔경 중 제5경으로 경관이 아름답고 지리적 여건이 좋아 전국에서 많은 사람이 찾게 되어 관광 명소로 알려져 있다.

한 선비가 아리고 쓰린 세월을 묵묵하게 이겨내며 버들 숲을 개간하여 연지를 만들었으니 그 굳센 지조가 연향으로 그윽하게 피어나고 있다. 특히 이 가문에서는 집안의 여인을 배려하는 마음으로 반보기[中路相逢] 풍습을 만들어 여인들의 한을 풀어줌에 따라 사랑방 정기가 안방에 가득 서리게 되어 찬란한 가문의 얼이 연지에 어리고 있다.

나는 1990년대 후반부터 문예운동을 하고 있다. 계간《생각과 느낌》을 발행하였고, 지금은 부산·경남·울산·대구·경북의 통합문예지《영남문학》을 발행하고 있다. 그간 수없는 재정난을 겪으면서도 이를 포기하지 못하고 애를 먹고 있다. 지금 바라보이는 저 사무실에서 연지갤러리를 운영하면서 대한민국솔거미술대전을 비롯한 각종 예술행사를 주관하고 있다. 갤러리를 운영한다는 것이 외관상은 그럴듯해 보이나 사실 그림이 잘 팔리는 게 아니다 보니 늘 적자운영이다. 그간 청천 김진섭 문학비 건립을 비롯하여 유명 작가의 문학비 건립도 하였다. 문학 공모전 및 백일장도 많이 개최하고 있으며, 전국시낭송대회도 수차 하였다. 특히 대학에서 문학예술과정 강의를 하며 일천여 명의 후학을 양성하고 있으며 문학예술 단체를 운영하고 있다. 단체운영이라는 게 지배하는 것이 아니라 한 분 한 분의 고객을 모시는 일이다. 이러한 일들을 하면서 때로는 포기하고 마냥 편하게 유유자적하고 싶지만 누군가가 해야 할 일이라면 내가 해야겠다는 생각에서다.

연못은 말이 없다. 그러나 모든 것을 품고 있다. 그 품고 있는 모두가 아름다움만이 아닐 것이다. 해충과 싸워야 할 때도 있고 각종 오염과 싸워야 할 때도 있으며 수심의 깊이와도 타협해야 하지 않을까. 천천히 연지를 바라본다. 보이는 건 무엇이며 들이는 건 무엇일까. 물비늘 위로 떨어지는 내 그림자가 천천히 흩어지다가 또 한 송이 연꽃 속으로 스며든다. 번뇌와 상념의 문장을 연향에 헹궈본다.

자계서원의 가을

 고요하고 아늑하다. 핏빛으로 역류했던 청도천은 잠잠히 흐르고 오백 년 된 은행나무도 노랗게 물들고 있다. 소용돌이치던 폭풍우도, 검푸르게 뻗던 잎새들도 가을이 되면 숙연해진다. 자연도 그렇거니와 인간의 감정도 세월이 흐르면서 누그러지는 것이다.
 서원 마을에는 집집마다 감나무가 가지를 늘어뜨리고 탐스럽게 익어가는 감들이 아름답게 물들고 있다. 건너다보이는 남산자락은 이서국의 신비를 안고 역사의 책장을 넘기는 듯하다.
 건들바람 한 점 불어오니 나락 냄새 물씬 풍기고, 청도천 둔치의 코스모스는 아름답게 채색되고 있다. 한가로운 백로 떼는 물가에서 다슬기를 잡아먹으며 놀고 있다가 밤이 되면 우리 집

뒤 대숲 둥지로 자리를 옮긴다. 이제 머지않아 남쪽으로 이동할 것이다.

자계서원은 1518년(중종 13) 지방 유림의 공의로 탁영 김일손의 학문과 덕행을 추모하기 위해 자계사紫溪祠를 창건하여 위패를 모셨다. 1576년(선조 9) 서원으로 승격되었으나 임진왜란으로 소실되었다가, 1615년(광해군 7) 중건하고 김극일과 김대유를 추가 배향配享한 곳이다.

탁영濯纓 선생은 점필재 김종직 선생 문하로 사관史官이며 시인이다. 곧은 선비정신으로 역사를 바로 세우려던 선생은 연산군 때 성종실록을 편찬하면서 김종직의 조의제문弔義帝文을 사초에 실은 것이 빌미가 되어 훈구파의 모함으로 화를 당하였다. 선생이 능지처참을 당하던 날 마을 앞 청도천은 핏빛이 되어 사흘간 역류했다 하여 자계紫溪라는 말이 생긴 것이다.

경내에 있는 두 그루의 은행나무를 바라본다. 선생이 직접 심은 나무라고 전해지며 모두 암나무여서 노란 은행이 조박조박 달려있다. 한 그루는 외줄기에 가지가 두 개, 다른 하나는 맹아萌芽가 많아 큰 줄기만 해도 모두 7개나 된다. 원줄기만 있는 것 보다 그저 그냥 둔 맹아들이 한층 돋보인다. 원칙대로 잘라내는 것만이 능사가 아닌 듯하다. 한아름이 넘는 굵기와 수고가 엄청 높은 큰 나무다. 꼭대기를 쳐다보니 청아한 가을의 쪽빛 하늘이 구름 몇 점 몰고 간다. 이 나무 역시 세월을 지나면서 자연의 순리대로 구부러지고 울퉁불퉁하다.

두 그루 나무 사이에 선생의 문학비가 서 있었다.
푸른 물결 넘실넘실 노 소리 부드러워 / 소매에 찬 맑은 바람 가을 인양 서늘하다 / 머리 돌려 다시 보니 참으로 아름다워 / 흰 구름 자취 없이 두류산을 넘어 가네 //

선생의 나이 26세 때 섬진강에서 지리산을 바라보며 읊은 시라고 한다.

문학비 뒷면에는 건립추진위원회 이름들이 새겨져 있다. 현재 한국 문단의 원로 선생님들의 낯익은 이름들이다. 이분들 모두 청년 시절부터 창작의 불길을 태웠을 것이다. 지금 비문 뒤에 새겨져 겸허하게 있는 모습을 보니 마음이 숙연해진다.

초식도 생태의 목적을 위해서 거센 비바람과 불볕더위에도 굴하지 않고 꽃을 피우고 열매를 익힌다. 인간의 감정이나 사상도 바르게 세우기 위해서는 불굴의 기개를 켜지만, 사리에 맞는 협치가 이루어지면 포용과 베풂의 여유가 있지 않은가.

요즘 여야 정치인들의 공방을 비롯하여 숨 가쁘게 매스컴을 달구는 장면들이 떠오른다. 가장 값진 가치는, 탁영 선생처럼 올곧은 사상과 정신으로 부끄럼 없는 흔적을 남겨야 한다.

  나도 어느덧 가을 문턱에 선 것 같다. 좋은 정서가 감도는 고즈넉한 자계서원 앞에서 지난 계절을 반추하며 내 마음의 키질을 한다.

자계월영紫溪月影을 보며

　자계서원 앞을 흐르는 청도천은 아름답다. 퍼지다가 모이고 끊어질 듯하다가 이어지면서 유유히 흐르고 있다. 태고의 생명체를 안고 신비를 감춰가며 조심조심 내딛는 어머니의 발걸음같이 조용조용히 흐르고 있다. 더디게 가면서도 때를 맞춰 도달하고, 조용히 흐르면서도 하고 싶은 말을 다하고 간다. 농부들의 애환은 녹이고 결실의 풍요를 싣고 흐르며 고요한 민심처럼 잔잔하게 흐르고 있다. 그러다가 가끔씩은 도도한 선비의 도포자락 날리는 것처럼 위풍당당하기도 하며 휘몰이 장단에 맞춰 거센 물결로 굽이치기도 한다.
　청도천을 바라보면 그 흐름 위로 유년의 그리움이 묻어난다. 내가 태어나서 자란 곳은 태백산 기슭 문수산 심산유곡이다. 계곡물은 항상 나를 아래로 아래로의 넓은 세상을 갈망하게 하면서 바쁘게 흘렀다. 내 질곡의 삶도 이처럼 바쁘게 흘러왔다. 이제 예순을 넘기고 나니 내 마음도 유유해지면서 심전의 갈갈이를 하고 있다.

이곳은 청도8경중에 하나다. 전해오는 기록에 의하면 연호蓮湖 이원기李元基 선생이 쓴 한시「자계제월紫溪霽月」을 근거하여 명승지로 알려져 있다. 그러나 지금은 물 흐름의 변화로 월경月景이 화려하지 못하다. 이 냇물은 본래 '앞내' 또는 '운계'라 불리었다고 한다. 이후 탁영 김일손 선생이 무오사화 때 참화를 입었을 당시 이 냇물이 3일 동안이나 역류하면서 핏빛으로 흘렀다하여 그 후부터 자계紫溪라 하였는데, 수면이 거울 같고 보름달이 물에 비치는 그림자는 하늘의 달같이 황홀했다고 전해진다.

이원기 선생의 시문을 보거나, '보름달이 물에 비치는 그림자는 하늘의 달같이 황홀했다.' 라는 전래를 볼 때 '자계제월紫溪霽月'이라는 말보다는 '자계월영紫溪月影'이 바른 표현이 아닐까 생각한다. 제월霽月은 '비가 갠 하늘의 밝은 달'이라는 뜻이고, 월영月映은 '달이 비취는'이며, 월영月影은 '달의 그림자'라는 뜻으로 볼 때 시내[川]에 달의 그림자가 비친다는 표현으로는 월영月影이 적합하기 때문이다. 오래 전부터 내려오는 명칭을 바꾸기란 쉽지 않으나 지자체의 관광브랜드 가치가 있는 곳인 만큼 바꾸는 것이 좋다고 여겨진다.

나는 청도천의 월영을 즐기고 있다. 이곳에 이사 온 지가 삼 년째다. 저녁을 먹고 집 앞 거리에 나서면 두 그루의 느티나무가 마을의 수호신처럼 위용을 드러내고 있다. 그 옆에 서면, 전방에는 남산(옛 이서국 수도 앞산)이 바로보이고 길 아래는 청도천이다.

남산 기슭으로 달이 떠오르면 아름다운 환영幻影에 휩싸인다. 희뿌연 남산의 천연수림은 내 고향 문수산의 형상으로 바뀌면서 고요 속의 산삼밭과 참취밭이 펼쳐지고 가끔씩 포효하는 산짐승의 소리가 들리는 듯하다. 그 옛날 부족국가 시절 저 남산이 내려다본 이서국과 오늘날 이서의 모습은 어떻게 다를까. 햇빛에 익은 역사와 달빛에 물든 야사를 안고 있는 남산 속에서 나의 그리움이 피어오른다.

이윽고 달은 칠성 마을 위로 올라오면서 청도천에 비친다. 동그란 한 점! 고요하고 오래 묵은 그리움 한 점의 그리자가 물에 잠긴다. 그 그림자와 함께 내 마음도 잠긴다. 유년의 추억이 그 속에서 유영하며 모였다 흩어지면서 몇 편의 영화가 상영되고 있다. 그러기를 잠시, 환영에서 깨어나면 월영은 사라지고 도로변의 가로등 불빛만 총총하다. 아직 나의 세계는 현실에 머물러 있다.

춘양역에서

그리움이 이어지는 곳, 내 고향 춘양역을 찾아왔다.
요즘 몸과 마음이 무기력해진다. 상념의 방향은 미로를 헤매고, 푸석해진 가슴은 균열이 심하다. 오랜 도시 생활에서 내 속의 나를 잊은 채 방황하다가 그리움에 이끌리어 온 것이다.
초고속 KTX 시대이지만 영동선 무궁화 열차는 굽어지는 철길을 천천히 달린다. 차창밖에는 장터의 모습과 만산고택이 보이고 멀리 유구한 역사를 지녀온 삼층석탑이 보인다. 운곡천은 금년의 대홍수로 허연 뼈대가 아물지 않은 채 말라가고 있다.

한국의 시베리아로 불리는 춘양은 백두대간 태백산 줄기가 소백산으로 갈라지는 깊은 산골이다. 각화사의 풍경소리가 은

은하게 들리고 차가운 계곡 물속을 유유히 노니는 열목어의 번 뜩임이 눈에 선하다. 겨울철 일기예보에서 가장 추운 곳의 대명사로 알려진 곳이 바로 춘양이다.

톨스토이의 작품 『부활』의 장면이 떠오른다. 여주인공 카츄사는 무책임한 배심원들에 의해 죄도 없이 시베리아 유형流刑을 선고 받는다. 눈보라가 치는 황량한 벌판을 맨발로 끌려가는 그녀 뒤를 따르는 귀족 청년이 있다. 오래전에 끝난 인연으로 알았던 두 사람이 새로 만나 영혼의 부활을 꿈꾸는 것이다.

시베리아 벌판에서 끊어졌던 인연을 이어가듯 사람과 사람의 인연을 수없이 이어 주었던 기차역이 있다. 그것은 바로 직선 거리를 두고 먼 길을 고집하여 산골의 면 소재지를 빙 둘러 가는 곡선 지점의 춘양역이다.

1955년에 개소한 춘양역은 영동선 중심역이다. 동해안의 수산물과 태백지역의 석탄이 춘양역을 통해 물류가 이루어졌고, 상동 중석(텅스텐)과 영동지역의 춘양목을 비롯한 임산물이 춘양역을 통해 유통되었다.

대합실에서 주변을 둘러본다. 1998년 지금의 모습으로 변한 춘양역 역시 편리함과 실용성을 쫓아 새로 지어졌다. 벽에 걸린 옛날 역사驛舍사진을 보니 눈이 시리다. 추억의 향기가 매워서일까. 향수에 취해서일까. 아니면 이루지 못한 사랑에 대한 아쉬움 때문인지 그리움이 잔뜩 묻어나고 있다.

　개찰구를 통해 철길을 바라보면서 청년 시절을 회상한다. 상행선을 타면 영주를 경유하여 서울, 부산 등 도회지로 나갔고, 하행선을 타면 태백, 삼척지역의 광산촌으로 들어갔다. 그때의 객실 풍경은 요즘과 다르다. 자욱한 담배 연기 속에 술판과 화투판이 벌어지기도 하고, 군인들이 탄 객실은 군가 소리에 가득 차고 때로는 싸움판이 되기도 했었다.

　화물 하치장에 산더미 같던 비료와 목재는 볼 수 없고, 봄이면 구름처럼 피어나는 벚꽃 나무와 화단으로 정비되어 있다. 철길 너머 밭에는 옥수수가 나리를 뽑아 올리고 한낮의 더위에 노곤해진 잠자리는 나리 끝에 앉아 졸고 있다. '기찻길 옆 옥수수밭' 유년 시절의 동요가 떠올랐다.

　대합실을 빠져나와 면 소재지 쪽을 향했다. 역전 한 편에는 춘양목이 심어져있다. 춘양역과 춘양목은 추억의 역사를 같이 하고 있다. 금강송으로 알려진 재질 좋은 춘양목은 예부터 관棺을 짜거나 문화재를 건축, 보수할 때 고급 목재로 쓰여 왔다.

　소재지로 가는 길가에 있는 다방에 시선이 멈추었다. 고향을 떠나고 돌아오는 수 많은 사람에게 이별과 해후를 하던 곳이다. 만나는 설렘에서 연신 엽차를 마시기도 했고 헤어지는 아쉬움에서 사랑을 다짐하기도 했다.

역은 삶의 끈이다. 삶의 끈은 역이다.

지금 시간을 돌려 30년 전 선택했던 나의 길을 다시 선택하라고 하면 결국 왔던 길을 다시 선택하게 될 것이다. 만나고 헤어지는 것이 우리 삶이듯 기차역 또한 수없이 많은 만남과 이별을 가진다.

요란한 기적소리를 내며 플랫폼을 빠져나가는 기차를 바라보면서 먼 그리움으로 발길을 돌린다. 간헐적으로 들려오는 기차 소리는 어머니의 간장이 녹는 소리인 듯, 이루지 못한 사랑의 소리인 듯 아련하게 들린다.

시베리아 유형까지 따라나섰지만, 네플류도프와 카츄사의 재결합은 허사로 돌아가고 만다. 그러나 그는 영혼의 부활을 꿈꾸며 그곳에서 새 삶을 찾고자 하는 사람들을 돕는다. 춘양역에서 보내고 맞이한 사람들이 꿈꾸며 가꾸는 것은 무엇일까? 그리움을 이어주는 곳에서 느슨해진 마음의 끈을 조여 매고 균열된 가슴에 금강석 같은 춘양목을 심어본다.

춘양목春陽木을 바라보며

모처럼 여유를 갖고 고향을 찾았다.

내 고향 봉화는 춘양목 서식 군락지로서 최근 백두대간 생태 수목원 예정지로 선정된 곳이다. 이곳 문수산은 수억 년 전에 천지가 개벽할 때 봉우리 부분이 문 폭만큼 남아 있고 나머지는 물이 고여 있었다 해서 문수산聞水山이라 한다. 해발 1,206미터로 초입에서 6~7부 능선까지는 대부분 춘양목, 잣나무, 낙엽송 등 침엽수가 서식하고 정상 일대는 참나무, 물푸레나무, 박달나무 등 잡목이 무성하다.

춘양목을 바라본다.

금강송金剛松이라고 불리는 이 소나무는 우리 인간에게 생각의 여운을 주고 있다. 수형이 곧고 재질이 좋으며 독야청청하여 충절을 비유하고, 재질이 치밀하여 목재의 균열이 생기지 않아 절개를 상징하기도 한다. 금강송이라는 이름 또한 그렇다. 무기와 보석에 비유하여 단단하며 밝고 지혜로워서 강한 힘으로 모든 번뇌를 끊을 수 있다는 뜻을 지니고 있다.

유년 시절을 떠올려 본다.

식량이 부족한 시절. 봄이면 어린 소나무의 상순을 잘라 연한 송구를 먹고 허기를 채웠으며, 두꺼운 껍질은 말려 송피 떡을 하여 주식으로 대용하기도 했다. 5월의 송홧가루로 고급스런 떡을 하였고 술을 빚기도 하였다. 그뿐이 아니다. 소나무에서 나오는 송진은 상처에 바르는 고약으로 사용했으며 고사목의 관솔은 불살개로도 사용하였다.

우리는 어릴 때부터 이 소나무와 함께 살아왔다.

땔감으로 마구잡이 벌채도 하였고 목재로 수없이 팔려나가 목재소에서 잘려지는 것도 보아왔다. 때로는 영림사업으로 조림을 해가면서 춘양목과 함께 유·청년 시절을 보냈다.

춘양목 아래서 나의 모습을 찾아본다.

도회지에서 30년이 넘게 살아오면서 춘양목의 향기를 잊고 살아왔다. 공직생활에서 보직과 진급을 위해 춘양목의 기풍과 기질을 외면할 때도 있었으며 퇴임 후 개인사업과 문학 활동하면서도 수관樹冠이 좁은 소나무와 달리 방만하게 허둥대고 있었다.

멀리 산등성에 고사목이 보인다. 온몸을 삭여가며 관솔을 키우고 있다.

억지춘양이라는 말이 생각난다.

'억지춘양'에 대한 어원은 여러 설說이 있다. 좋은 품질의 춘양목이 궁궐이나 사찰, 권문세도가의 집을 짓는데 쓰이는 목재로 비싼 값으로 팔려나갈 때 장사꾼들은 일반 소나무를 춘양목이라고 우겨 억지로 춘양목으로 둔갑시켰다는 말이 있다. 또 다른 이야기로는 영암선(영주~철암)철도 개설 당시 자유당 국회 원내총무 정문흠 의원이 선거공약을 실현하려고 억지로 춘양면 소재지를 둘러 가도록 무리한 공사를 진행 시켰다며 권력에 대한 비난의 소리로 나온 말이다. 그러나 그것은 낭설에 불과하다. 영암선 개설공사는 해방 전인 1941년도에 구간별 개설이 될 때 춘양역은 기위 개설되어 있었던 사실이다. 그러나 이러한 '억지춘양'에 대한 말은 결국 순리를 거슬려가면서 무리하게 일을 추진하는 것을 경계하라는 말이고 보면 나의 인생 행로에도 '억지 춘양'의 행태가 있지 않았나 생각한다.

내 속에 있는 재목은 어떤 소나무였을까.

30년이 넘게 도회지에 살면서 어떤 곳에 서 있었는가. 뒤틀리고 옹이투성이가 아니었는지. 발밑에서 치솟는 자연산 송이 냄새가 향기로워 문득 나의 냄새는 어떠한가 맡아 보았다.

송죽지절松竹之節처럼 변하지 않는 심성과 송교지수松喬之壽같이 인품을 닦으며 살아갈 것을 생각해본다.

관능의 늪, 그 생명력의 향방

경상감영공원 동편에 있는 향촌동 거리는 막걸리 집과 성인텍이 출렁이고 있다. 무수한 사람들이 붐비고 있는데 대부분이 6,70대의 노령 층이다. 이들의 얼굴은 세파에 찌들려있고, 막걸리 집에서 시름을 달래고 있는듯하여 안쓰럽게만 느껴졌다. 평소 내가 아는 상식으로는 인생 황혼기에 다다른 노인네가 서로를 달래기 위해 모이는 위안의 자리로 생각했었다.

공직에서 정년 퇴임한 선배와 만나기 위해 해거름에 그곳을 찾았다. 시간이 남아 감영 공원을 둘러보았다. 대구에서 생활한 지 20여 년이 되었지만 이곳을 여유 있게 보는 것은 처음이다. 거대 도시의 원점인 이곳은 역사의 흔적이 있고 사람마다

의 추억이 서려있지 않을까.

경상도 관찰사와 대구 판관의 거처였던 징청각 뒤에 줄지어 서 있는 선정비는 시대의 흔적과 원형을 설명하는듯하다. 감영 경내에는 공원 조성을 위해 식수한 갖은 수목이 싱그럽다. 그 가운데 고목이 된 회화나무와 메타세콰이어가 나의 시선을 잡는다.

고목이 된 회화나무는 학자의 기품을 지키려고 고단한 몸을 간신이 일으키며 몸 끝을 추슬러가며 살아감의 몸짓으로 꽃을 피우고 있다. 결코 화려하지도 않는 희스므레한 꽃을 여렵게 피우고 있다. 그 수줍게 피운 꽃이 나의 시선을 끌어당기는 힘은 아주 강렬하다. 고목에서 핀 여렵은 꽃의 생명력은 어디에 있을까 잠시 생각에 잠기게 한다. 그런데 나의 눈길을 더욱 사로잡는 것은 이국적으로 느껴지는 메타세콰이어 나무였다. 한국의 수종이 아닌데도 우리의 전통적인 공원에서 시원하게 뻗어가는 그 자태가 거부반응보다는 오히려 자연스럽게 조화를 이루고 있다.

선배와 함께 향촌동 거리에서 막걸리를 마셨다. 놋그릇에 따뤄 마시는 잔술은 경직된 나의 마음을 너그럽게 풀어주고 있다. 해는 저물고, 거리의 사람들은 발걸음이 바빠지고 있다. 나

역시 그들의 행보처럼 바쁘게 거리로 나왔다. 그런데 나를 재촉한 것은 거리의 사람들이 아니고 나의 관능적 본능이었다.

핏줄처럼 돌아가는 네온 불빛에 끌려 성인텍에 들어갔다.

실내는 어두웠고, 음악의 고저에 따라 불빛의 광음이 조절되고 있었다. 조금 전 공원과 거리에서 보았던 6, 70대가 아닌 건강한 남녀들의 봄 나비 같은 몸짓이다.

클럽 안은 광활하다. 어림잡아 500명은 넘게 보인다. 두 사람씩 짝이 되어 음악에 맞추어 자연스럽게 움직인다. 인생의 경륜만큼이나 이들의 몸짓은 여유가 있다. 아직 파트너를 정하지 못한 사람들은 대기석에 앉아 손을 내밀어 주기를 기다리고 있다. 초대받지 못하고 돌아가는 사람은 '오늘 일진이 안 좋았다'고 할 것이다. 실내의 조명 탓일까, 모두가 멋있고 예뻐 보인다. 남자의 손끝에 따라 움직이는 댄서의 몸짓은 날렵하다. 무릎 위에 찰랑거리는 스커트는 바람개비처럼 돌아간다. 음악이 바뀌어 부르스 곡이 나오면 여자는 남자에게 온몸을 맡기면서 지나온 세월을 고백이라도 하는 듯하다. 남성들은 파트너의 가련한 일생이 안쓰러워 선심이라도 쓰듯이 감싸 안고 강렬한 터치로 가쁜 숨을 몰아쉬게 한다. 저 활활 타오르는 아름다움이 관능이라면 물러서서 바라보는 것은 슬픔이 아닐까?

사교춤은 서구의 문화인데도 우리 고유의 원형같이 익숙해진 것이다. 마치 메타세콰이어 나무처럼 자연스럽고 시원하게 보이는 것이다. 나는 몸으로 풀어내는 그들의 언어를 읽어가면서 잠들고 있던 관능이 깨어나는 것 같았다.

'검은 상처의 부르스' 곡이 흐른다.
여자에게 배신당한 남자들, 남자에게 버림받은 여자들의 깊은 상처가 슬프게 깔리는 색소폰 소리에 밟히면서 흐느끼고 있다. 밟혀지는 그림자에는 정렬의 장밋빛 순정이 피를 흘리고 날선 복수의 칼날이 일어서고 있다. 그러나 뜨거운 관능적 몸짓은 숨소리 박동에 맞추어 날갯짓을 한다. 밀물과 썰물처럼 오가는 스텝은 과거의 흔적을 용하게도 피해 나간다. 아니, 이들의 시선과 가슴에는 새로운 생명의 잎새들이 돋고 있다. 공원에서 보았던 역사의 숨결과 나무들처럼.
인간은 현재를 통과하고 있지만 그 뿌리는 과거에 박혀있다. 현재는 과거에서 미래로 가는 통로일 뿐이다. 지금 내 나이는 50대 중반, 이곳에서 늙은이는 나밖에 없다. 나는 지금 몽환상태인가.

마실길

고향을 떠나온 지 오래다.

공직생활을 시작하면서 수많은 막힌 길과 돌아가는 길 위에서 질곡의 세월을 보냈으니. 도시의 잘 포장된 길은 언제나 나를 서두르게 하였고 유혹의 갈림길은 늘 시험에 빠지게 하였다. 나이가 들수록 고향에 두고 온 마실길의 인정이 그리운 것은 회귀본능일까.

푸른 하늘아래 청산! 두네동은 남으로 문수산과 서북으로 옥석봉이 둘러있다.

산 밑에 독가촌과 동네를 잇는 오솔길은 누군가를 기다리고 있다. 문명의 혜택이 없어도 불평이 없으며, 좁고 험난한 그 길은 양심의 길이고 허물을 덮어주는 길이다. 계곡의 도랑물은 슬기롭게 흐르고 있다. 흐르면서 만나는 인연들과 동행하면서 막히면 돌아가고 끊어지면서 다시 모여 시내를 이루고 있다. 길섶에는 철따라 꽃이 피고 산새들은 쉼 없이 지저귄다. 그 길을 따라 산전山田을 일구며 살아왔던 곳이다.

산촌의 이웃은 정겹다. 건넛집을 바라만 보아도 외롭지 않으며 마실에 가는 것은 더 없이 즐겁다. 갈 때는 무엇인가 들고 간다. 비슷한 종류의 농사를 짓지만 조금씩 다른 종류의 곡식과 채소를 가꾸기도 하고 객지에서 온 먹을거리가 있으면 나누어 먹는다. 봄철에 햇감자를 먼저 캐는 집에서는 감자 삶은 것을 들고 가고, 여름철에 옥수수를 먼저 따서 삶거나 '올챙이묵'을 만들면 맛보라고 가지고 간다.

여름밤 마실 풍경은 친근하고 정겹다. 마당에 모깃불을 지펴 놓고 새벽이슬이 찰 때까지 도란도란 이야기꽃을 피운다. 풍성한 가을걷이가 되면 다 거두고도 너부러진 채소, 과일과 곡식의 이삭을 서로 가져가라 한다. 겨울이 되면 산 넘어 동네와 건너 동네의 굴뚝에서 오르는 연기만 보아도 모두가 시인이 된다.

산촌의 겨울밤은 고즈넉하다. 나이대별로 자주 모이는 마실방은 윗마실과 아랫마실의 경계가 없다. 화롯가에 앉아 호롱불에 머리카락을 그슬려가며 천자문을 읽거나 막걸리를 마시기도 했다. 정월이면 마실돌이를 한다. 온 동네사람들이 어울려 풍물을 울리면서 집집을 돌며 지신을 밟는다.

그 옛날 사기를 굽던 '사기정골'에는 부서진 사기조각이 외롭게 누워있다. 주실재와 예비재, 그리고 신재神嶺는 동네와 동네를 이어주며 인정을 실어 날랐다. 청첩도 하고 부고도 전하였으며, 새로운 소식을 전해 듣기도 하고 문물을 주고받았다. 이렇듯 집과 집을 이어주고 동네와 동네를 이어주는 길을 '마실길'이라 했고 이러한 이웃나들이를 '마실'간다고 했다.

최근 전북 부안군에서는 관광지 개발일환으로 '변산 마실길'을 개통하였고, 문경시도 조령산 '새재옛길'을 관광 상품화시켰다. 모두 규격화된 상품이다. 본래의 '마실길'은 사람과 사람을, 이웃과 동네간의 따뜻한 마음을 이어주고 있었는데…….

아흔을 앞둔 어머니가 경로당에 다니신다. 매일 마실길을 다니시는데도 늘 빈손이다. 그 길가엔 꽉 막힌 콘크리트뿐이다. 도시생활에 적응을 잘 하시는 것 같으나 고향을 그리워하는 마음이나 시름이 오죽하실까싶다. 길과 길이 만나면서 흘러들어 온 이 도시에서 하찮은 만남도 아름다운 인연의 끈으로 엮어지는 정겨운 마실길을 꿈꿔본다.

청라언덕을 생각하며

　봄이다. 누가 말했다 '사월과 오월을 나에게 준다면 나머지 모든 날들을 다 그에게 주겠노라'고 했다. 이처럼 봄의 절정인 사월과 오월은 희망이 있고 화려하다.
　눈 부신 햇살과 연두빛 잎 새들의 사랑의 향연, 푸른 창공 아래 대지는 생명을 잉태하는 숨결이 가쁘다. 이럴 때쯤이면 입가에 묻어나는 노래가 있다. '봄의 교향악이 울려 퍼지는 / 청라언덕 위에 백합 필 적에 / 나는 흰 나리꽃 향내 맡으며 / 너를 위해 노래 노래 부른다' 의 연가가 저절로 나온다.
　'청라언덕'이라고 하면 누구에게나 향수가 느껴진다. 자기가 태어나서 유·청년 시절의 추억이 담긴 푸른 언덕은 다 청라언덕이 된다. 그곳에는 그때 부르던 노래가 있고, 사랑했던 사람이 있다. 백합화 같은 순결한 사람도 있고 라일락꽃 같은 향기도 있다. 어떤 언덕에는 우직하게 버티고 있는 노목도 있고 청아한 청솔도 있을 것이다.

　이상향으로 느껴지는 청라언덕의 실존지는 대구 동산동과 마산 상남동이다. 동산동 청라언덕은 개화기 때 선교사가 살던 사택 일대다. 청라靑蘿라는 말은 사택을 뒤덮고 있는 푸른 담쟁이를 뜻하여 푸를 청靑, 담쟁이 라蘿에서 따온 말이다. 20세기 초 황무지였던 동산병원과 청라언덕 땅을 1898년 아담스와 존슨이라는 이름의 선교사들이 싸게 구입하여 병원과 학교를 지었고 계몽운동을 하였다. 이때 작곡가 박태준 선생이 제일교회에서 피아노 반주를 하면서 계성학교에 다닐 때였다. 청년 박태준은 청라언덕을 늘 지나다니게 되었고 이때 신명여고에 다니는 한 여학생을 만나게 되면서 러브스토리가 시작 되었다. 백합꽃처럼 희고 청순한 여학생을 짝사랑하였으나 순진하여 말 한마디 건네지 못한 채 그 여학생은 일본으로 유학을 가고 말았다. 이후 박태준이 상사병에 걸리게 되자 그의 아버지는 아들을 살리기 위해 평양에 있는 숭의전문학교 음악부에 입학을 시키게 되었다. 대학을 졸업한 박태준이 마산 창신학교에 음악 선생으로 첫 발령을 받게 되었다. 창신학교는 노산 이은상 선생의 아버지가 세운 학교다. 여기서 박태준은 국어 선생인 이은상을 만나면서 서로 친구가 되었다. 교분이 두터워진 후에 이은상은 박태준의 짝사랑 이야기를 듣게 된다. 그 애절한 사연을 들은 이은상은 "잊지 못할 그녀를 예술작품으로 승화시켜 그 곡 안에 담아두면 박 선생의 소원이 이루어질 게 아니냐."며 노산이 글을 쓰고 박태준이 곡을 붙인 것이 바로 가곡 〈동무생각〉이다. 그래서 이은상이 태어나고 유·청년시절을 보냈던 마산시 상남동 야산 언덕도 청라언덕이 되었다. 이들의 인연으로 창작한 사랑의 노래와 그 장소는 그리움과 향수의 산실이 되고 있다.

요즘 우리 사회는 어둠의 그림자가 드리워져 잔뜩 긴장하고 있다. 대공황, 실직과 취업대란, 북한 문제, 정치 현실 등 국내외적으로 혼란하다. 특히 사월과 오월은 민중의 아픔과 한이 서려 있는 달이다. 우리 모두 생각을 바꾸어 보자. '생각을 바꾸면 행동이 변하고, 행동을 바꾸면 습관이 변하고, 습관을 바꾸면 팔자도 바뀐다.'고 했다.

마음에 품지 않으면 현실로 나타나지 않는다. 항상 긍정적으로 기대 수준을 높이며 넉넉한 마음으로 '포대 화상'처럼 나누어주는 마음을 가져보자.

짝사랑의 아픔도 그 대상을 예술작품으로 승화시켜 내 속에 아름답게 담아 둘 때 슬픔도 사라지게 되고 이상향으로 남게 되는 것이다. 이것이 문학의 힘이다. 이루지 못한 사랑의 애절함을 상처로 가슴에 새겼다면 자신을 괴롭히는 상처로만 남았을 것이다. 우리가 살아가면서 나의 '흔적'을 어떻게 남길 것인가를 생각하면서 창밖을 내다보자. 저 피어오르는 청라언덕에 푸른 꿈의 나래를 펴보자.

대구 문단의 르네상스를 형성했던
토담길국시마당

바깥채 통나무집 큰 홀에는 8인용 통나무 식탁 두 개가 길게 놓여있다. 남녀 문인들이 자리를 다 메우고 왁자하게 떠들면서 술판이 벌어진다. 일부는 큰방에서 조용하게 술을 마시다가 서로 뒤섞이면서 양쪽 모두 야단법석이다. 뚝배기와 주전자에 노란 조껍데기 술이 연신 주문이 되고 파전과 돼지 수육 안주도 계속 들어오고 있다. 한옥 안채에도 방 한두 개는 역시 문인들의 술판이 벌어지고 있다. 술을 사는 사람과 술 취한 사람들은 안채와 바깥채를 오가며 친분 있는 사람들과 정담을 나눈다.

1992년도부터 2012년도 사이 20년간 두류공원 부근에 있었던 '토담길국시마당'이라는 식당의 풍경이다. 이 식당의 경영인은 최명순 수필가이자 낭송가였다. 인성이 좋고 후덕하여 늘 주변을 이롭게 하다 보니 사람들이 편해서 모두 단골이 되었다.

그때가 대구교육대학교에 시와반시(詩와 反시) 문예대학이 성황을 이루던 시기였다. 강현국 시인, 구석본 시인, 박재열 시인이 공동으로 운영하면서 문하생 양성과 시 전문지를 발행하였다. 한 학기에 보통 40명 이상이 되었기에 대구에서 문학 공부하는 사람치고 시와반시를 모르는 사람이 없을 정도였고 대부분 그 세분 시인의 문하생이었다. 또 수필반을 잠시 운영하였는데 이를 기초로 대구의 수필이 한국수필문단에 우뚝 서게 되는 계기가 되었다. 이 무렵 수업을 마치면 토담길국시마당에 가서 뒷풀이를 하였다.

당시 대구 문인들의 모임은 시와반시를 중심으로 형성되었다. 그중에서 최고의 고객은 구석본 시인이었다. 후덕하고 어진 성품으로 항상 술값을 많이 내신 편이었고 오랜 세월 대구 문단의 문인들을 그곳에 많이 오도록 하셨다. 그다음으로 큰 고객은 필자였다. 술을 좋아하다 보니 술값 내는 걸 예사로 여겼다. 그보다 경찰공무원으로 있으면서 문학 하는 사람들과 어울리고 보니 마냥 좋았던 것이다. 그도 그럴 것이 1993년도 선율문학회 회장을 맡으면서부터 습관처럼 토담집을 드나들었고 이후 문예지 《생각과 느낌》의 운영위원을 거쳐 발행인 겸 주간을 맡으면서 원로 문인들에게 술대접하는 게 일상화가 되었다. 이후 2007년 봄부터는 필자가 영남대학교 문학예술과정을 개강

하여 수업 후에는 그곳에서 뒷풀이를 하였다. 이 역시 시와반시 전성기 이후 최고 많은 수강생이 몰렸다. 2010년부터는 필자가 직접 창간한 계간 《영남문학》 편집회의와 신인상 심사도 그곳에서 하였으니 최고의 단골이었다. 그다음 후덕한 분은 구관모 수필가였다. 선생은 천연식초 명인으로 사업이 왕성하였으며 늘 후원자의 역할을 하신 분이다. 또 원화여고 행정실장으로 있던 김성윤 선생이다. 이분 역시 술을 좋아하셨고 사람을 좋아하신 터라 같은 좌석에 앉은 사람이라면 가리지 않고 술대접을 하신 분이었다. 특히 괄목할만한 분은 김창제 시인이다. 이분은 철강산업으로 성공하였으며 문학단체와 문인들에게 두루두루 베풀기를 생활화하시는 분이었다.

이 무렵 토담집에 자주 드나드는 문인들은 이러했다. 대구대 총장을 역임하신 조기섭 시인을 비롯하여 권기호 시인, 김원중 시인, 도광의 시인, 문무학 시조시인, 문인수 시인, 이태수 시인, 장호병 수필가, 송일호 소설가, 이수남 소설가, 정훈 시인, 신재기 평론가, 이재호 수필가, 이정웅 수필가, 공영구 시인, 이은재 수필가, 이상규 시인, 서정윤 시인, 최규목 시인, 최종이 수필가, 변형규 시인, 김석 시인, 이재석 시인, 홍억선 수필가, 김은수 시인, 김우식 시인, 류영태 시인과 여성 문인들도 상당히 많았고 단골은 아니어도 가끔 내왕하는 문인들도 많았기에 대구에서 등단 작가나 문학 공부하는 사람들은 한두 번씩은 다 들렀다 해도 과언이 아니다.

　그 당시 에피소드도 많았다. 단골 문인 중에는 욕설을 잘하는 사람도 있었다. 근본은 참 좋으신 분인데 술을 드시면 친근감의 표현으로 욕설을 하게 되니 이를 잘 이해하지 못하는 사람과 싸움이 되기도 했다. 또 원로 시인 중 한 분은 시인 우월감에 빠져 '수필이 문학이냐.'라는 수필 장르 비하 발언을 하여 비슷한 연배 수필가와 싸움이 되기도 했다. 또 어떤 원로 시인은 동석하는 여성들에게 부적절한 행동을 자주하여 주변을 어색하게 하기도 했다.

　이제 모든 게 전설처럼 느껴진다. 그때만 해도 경기가 좋았고 술 문화가 그랬다. 그렇다고 술만 먹고 낭만에 젖은 것은 아니었다. 술자리에서 어떤 원로 시인은 눈을 지긋이 감고 프랑스 상징주의 시를 읊으면서 서양의 문예사조를 논할 때면 신예작가들은 그 멋있는 모습에 빠져들었고, 자유시 동인으로 활동했던 시인이 현대문학사에 대한 노변한담처럼 하는 이야기를 통해 시를 어떻게 써야 하는지를 알게 하는 강의보다 유익한 시간도 많았다. 오늘의 대구 문단이 양적 성장과 질적 향상이 되게 된 계기가 아마 토담길국시마당에서의 그 활동들이 바탕이 되었지 않았을까.

　요즘도 가끔 두류공원을 지나갈 때면 성당못 수면 위로 낭만의 숨결이 일렁인다. 한 시대를 풍미했던 사람들의 빛과 그림자가 고운 색채의 단풍으로 익고 있다. 토담집 방 도배지 문양에 새겨졌던 훈민정음 글자들이 우르르 쏟아지면서 문장을 만들고, 술잔 사이로 흐르던 대화들이 숙성된 와인처럼 향내가 진하다.

제 2부
하얀 웃음

수필을 좋아하는 독자에게 나의 수필론을 간략하게 알려주려는 의도로 수필론적 수필 몇 편을 담았다. 또한 진정한 문학인의 인성과 자세를 가다듬는 자성自省의 마음을 표현하였다. 그리고 우리 사회 현상을 보면서 나의 사상을 드러낸 논설체 수필 몇 편도 넣었다. 성향이 다른 독자에게 양해를 구한다.

하얀 웃음

동시·동화의 숲을 찾아 협소한 산길을 오른다. 유월 첫 주말, 쪽빛 하늘 아래 솔숲이 있고 계곡의 물소리 청아하다. 여기다 싶더니 마삭 줄 꽃향기가 진동하며 번뇌를 날려버린다.

열린아동문학관 마당가를 흐르는 도랑에 담긴 술병에서 시가 흐른다. 숲길 여기저기 나무 밑에 세워진 수상자 입석, 나무의 주인이 된 값진 삶의 흔적들이 빛난다.

문학상 시상식 준비로 분주한 사람들, 그들 틈에 유난히 하얀 웃음의 중년 남자가 보인다. 10억 원대의 기금을 내고, 매년 수천만 원의 돈을 들여 문학지 발행과 행사를 지원하면서 전국의 아동문학가들을 초청하여 잔치를 한다.

시상식이 시작되었다. 어느 행사 막론하고 힘 있는 사람이 단상에 오르는 것. 그런데 하얀 웃음의 그 남자 내외는 그저 허드렛일과 심부름에 여념이 없다. 그 남자 모습에서 권정생 선생의 모습이 떠오른다. 문학상 상장과 상금을 들고 안동 조탑리까지 내려온 윤석중 선생 일행에게 상 받기를 거절하였던 그 겸손의 모습이.

오늘날 가난한 문예운동가들이 몇 푼의 돈 때문에 비굴해지며 온갖 구설수에 휘말리는 모습들이 스친다. 잠시 얼굴이 달아오르며 고개가 숙여진다.
H 이사장 내외를 보면서, 문예단체에 협찬 조금하면 곱절의 예우를 받는 독지가들과는 대조적이다.

오늘 탄생한 빛나는 수상 작품 역시 이 숲에 새겨졌다. 그 작품들은 동요로, 퍼포먼스로 맑고 푸르게 퍼져 울린다. 자신을 드러내지 않고 묵묵히 문예운동을 지원하는 H 이사장의 하얀 웃음과 함께 이상향의 동산을 채워가고 있다.

문학관 둘레에 소나무를 타고 오르는 마삭 줄 꽃 넝쿨이 한

결 아름답고 향기롭다. 그래서 그 꽃말이 '하얀 웃음'인가 보다. 산길을 내려오는 발걸음이 가볍다. 하얀 웃음들이 동시·동화의 숲 여기저기에 피어나고 있다.

문학인은 많으나 문사文士가 그리운 시절

　문학인들이 활기를 띠고 있다. 전업 작가의 길을 가는 사람이 많아지고 부업으로 창작에 매진하는 사람도 부쩍 늘고 있다.
　최근 들어 신춘문예와 각종 공모전이 엄청 많아졌다. 지난해의 경우 필자가 운영하는 카페 〈영남문학예술인협회〉에 올려진 공모전만 해도 213건이다. 미처 올리지 못한 사소한 것을 추론하면 250여 건이 된다. 주말과 공휴일을 제외하면 거의 매일 1건씩 공고가 되고 있다. 이 많은 공모전의 상금만 해도 연간 수십억 원이다.
　정부와 지자체의 지원도 많아졌다. 아르코문학창작기금을 비롯하여 각 시·도 문화재단의 창작지원금이 참으로 많다. 대부분 문학 동인에 동인지 발간비가 지원되고, 우수도서 선정 지원, 문인들의 개별 작품집 발간 지원 등 많은 혜택을 받고 있다.

문인과 예비문인들이 연간 지어내는 창작물은 엄청 많다. 하나의 공모전에 응모하는 작품 수가 적게는 200여 편, 많게는 4,500여 편이 넘는다. 그뿐인가, 전국에 있는 각종 문예지에 발표하는 기성작가의 신작과 신인상 당선작품을 포함하면 그 통계를 가늠하기 어렵다. 그런데 당선 또는 수상하는 작품이 문제다. 대부분 '문학적 형상화'라는 과정을 통과하였다고 볼 수 있는데, 공장에서 찍어내듯 대량생산이 되고 있다. 그런데 감동을 주는 작품은 많지 않고 대부분 공허하다. 특히 신춘문예나 공모전 당선작품이 그렇다. 이는 '낯설게 표현하기'의 측면에서 개인적 상징과 상상의 독창력으로 만들었기 때문이다.

이 시대는 풍요와 신속, 쾌락으로 형이하학은 있어도 형이상학은 없다. 과거에는 전쟁과 배고픔, 자유와 인권, 사상의 갈등을 문학이 해소시켰다. 시 한 줄에 눈물을 흘리고 소설 한 권이 운명을 바꾸게 하였다. 문학작품 하나에 꿈이 있고, 낭만이 있고, 풍류와 해학·풍자가 있었고, 역사성과 교훈이 있었다. 또한 자연과 도를 논하였고 향수가 있어 인간미가 있는 글의 정이 흘렀다. 그러나 지금은 사회적 절체절명의 과제가 없다 보니 문학의 절대적 역할이 요구되지 않는다. 따라서 문학이 변해야 한다는 명분으로 언어유희로 흐르고 있다. 작품 속에 가치관이나 감동은 없고 낯설게 표현하기 위해 알량하고 얄팍한 기교로 조립된 작품이 많으며, 심사위원 또한 이러한 시류를 조성하고 있다.

문사가 그리운 시절이다. 앞서 언급한 바와 같이 신춘문예를 비롯하여 상금이 주어지는 각종 공모전이 많다 보니 가르치는 선생과 배우는 문하생이 함께 문충文蟲이 되고 문노文奴가 되기도 한다. 6년 전 이맘때 작고하신 김규련 수필가(교육자, 영남문학 고문)의 수필론이 생각난다. '한 편의 작품에는 테마가 있고, 이미지가 있고, 비평이 있고, 철학같이 깊이가 있고, 무드가 있는 작품을 쓰라'고 하셨다. 이러한 글들을 통하여 내면세계의 영격지수靈格指數를 높여 문사의 길을 가는 문인이 많았으면 좋겠다.

야망과 겸손
- 문인들에게 전하는 반석평의 교훈

　최대익의 장편소설 『백성의 종, 반석평』이 인기를 끌고 있다. 노비 출신으로 재상의 반열에 오른 반석평의 이야기를 담은 작품이다. 법원 사무직 출신으로 법무사 대표로 있는 최대익 작가의 소설이 시기적절하게 발표가 되었기 때문이다.
　최근 반기문 UN사무총장이 방한하여 며칠간의 행보를 두고 정치권에서는 비상한 관심사가 되고 있다. 소설 속의 반석평은 역사적 실존 인물로 반기문 사무총장의 직계 조상이다. 반석평의 이야기를 통해 야망과 겸손이라는 상반되는 의미를 생각하며 문학인들에게 한마디 전하고 싶다.

　지역마다 문학 갈래별 창작 교실이 많다. 처음 입문하는 사람들은 그곳에서 열심히 수강하여 글을 쓰면서 지도하는 선생을 스승으로 여기고 있다. 더러는 일찍 등단하는 경우도 있고 더러는 열심히 해도 글이 되지 않아 고민하기도 한다. 이렇게 문학 마당에 좀 다니다 보면 "어디에 어느 선생이 잘 가르치고, 어디는 풍토가 좋다더라."는 등의 정보를 파악하게 된다. 그러는 가운데 여기저기를 기웃거리며 옮겨 다니게 된다. 그것은 자기가 원하는 좋은 작품을 쓰기 위하여 당연한 일이다. 그러나 문제는, 원하는 야망을 충족하면서부터 마음이 변하게 된다. 문예지, 공모전, 신춘문예 등으로 등단하여 주변으로부터 각광을 받게 되면 초심을 잃는다. 그때부터는 글과 사람이 달라지는 경우가 허다하다. 약력도 달라지고 지도해준 선생도 다른 사람이 된다. 저 멀리 있는 명망 있는 사람에게 특강 한번 들어놓고 은사라고 한다. 작품집 머리말이나 당선 소감에도 변변찮은 선생의 이름은 쓰기가 부끄러워서 유명 인사의 이름을 올리기도 한다. 어떤 작가는 아예 "배운 곳이 없다."라고 한다. 물론 일부에 해당되는 사람들에게 하는 말이다.

　그러나 이보다 더 안타까운 경우도 있다. 창작 교실을 운영하며 후학을 지도하는 선생들과 중진 문인들도 그러하다. 약력이 많은 것도 아닌데 과거의 약력은 쓰지 않는다. 누구한테 문학 공부를 하였냐는 질문이 있다면, 특강 한두 번 받은 유명 인사를 스승이라고 한다. 이러한 일들을 보면 중국 고사에 나오는 '시역예유죄언是亦爲有罪焉'이라는 교훈이 생각난다.

이쯤에서 반석평의 이야기로 돌아가 보자. 조선 중종 때 일이다. 광주 반씨 서얼庶孼 출신인 반석평은 어린 시절 한양의 이 참판 댁 가노였다. 그러나 두뇌가 명석하고 배움에 대한 열정이 대단하였다. 이에 이 참판은 가엾게 여겨 노비문서를 태우고 면천시킨 후 친척 집에 양자로 가게 하였다. 양가에서 공부하며 성장한 반석평은 문과에 급제한 후 중종의 총애를 받아 형조판서까지 오르게 되었다. 어느 날 반석평은 길을 가다가 남루한 선비를 보고 가마에서 내려 절을 하고 그를 극진하게 대접하였다는 이야기다. 그 남루한 선비는 바로 자기를 있게 해준 이 참판의 아들 이오성이었다. 이 일로 반석평은 임금에게 모든 사실을 고하며 자기를 벌하고 이오성에게 벼슬을 내리도록 청하였다. 임금은 반석평을 귀히 여겨 면천과 동시에 더욱 신임하였다고 한다.

여기서 우리는 야망과 겸손이라는 두 가지를 보았다. 천민 출신으로서 판서에 이르기까지 열심히 노력하여 임금의 총애를 받은 반석평은 분명 야망을 갖고 최선의 노력을 했을 것이다. 큰 뜻을 이룬 그가 교만하지 않고 겸손한 모습을 보였기에 오늘날까지 아름답게 조명되고 있다. 비슷한 이야기로 려말 선초의 정도전과도 대조되는 일이다.

문인들에게 전하고 싶다. 야망을 가지고 목적 달성을 위해 수단과 방법을 동원하여 뜻을 성취하는 것은 옳다. 그러나 일정한 위치에 섰다고 하여 교만해서는 안 된다. 내 부모가 못났다고 '나는 다른 사람 아들, 딸'이라고 해서야 되겠는가. 지도 선생보다 더 나아서 '청출어람'이라는 말을 들으면 더욱 빛나지 않은가. 얼마 전 경향신문에 보도된 내용으로 안도현 시인이 은사인 도광의 시인에 대한 회고의 글이 생각난다. 참으로 아름다운 겸손이다. 문인의 위상은 문인들이 스스로가 세워야 한다. 이 글을 쓰면서 나부터 반성하며 마음을 가다듬는다.

수필, 진실의 순도와 인간미

　최근 들어 수필 문단의 흐름을 보면 걱정스럽다. 수필이 변해야 한다며 실험수필이라는 형태로 수필의 본질을 벗어나는 글을 쓰고 있다. 시詩와 소설의 형식으로 쓴다면서 2인칭, 3인칭으로 써서 수필이라고 발표하고 있다. 시는 시의 형식으로 써야 하고 소설은 소설의 형식으로 써야 한다. 수필은 반드시 화자가 작가이어야 하는 1인칭의 문학이다. 다만, 문장 언어에서 시, 소설, 동화적인 분위기는 낼 수 있으나 제 3자를 발언자나 해설자로 내세울 수는 없다. 수필에서 허구虛構는 금물이다. 서정성의 분위기나 감동을 살리기 위하여 과장이나 허구를 사용해서도 안 된다. 또한 수필의 문학성에 대한 문제를 운운하면서 억지로 끼워맞추는 비유, 형상화, 심상과 의미 확장을 하다

보니 진실의 본질에서 벗어나는 경우가 흔하다. 특히 상금이 주어지는 공모전과 신춘문예 당선 작품이 그렇다.

    수필은 보고, 듣고, 행한 일에 생각과 느낌이 붙는 글이다. 개인적이고 고백적인 것의 생각과 느낌을 사상이라고 해도 되고 철학이라고 해도 될 것이다. 다시 말하면 개인적 얘기를 허구로 쓰는 것이 아니고, 진실을 바탕으로 하는 글이 수필의 본질이다. 이 수필의 본질은 인간의 본질이 바뀌지 않는 한 변할 수가 없다. 모든 문학은 허구이므로 수필도 허구일 수 있다는 주장도 있고, 독자에게 감동을 주기 위해 약간의 거짓(허구)을 허용할 수 있다고도 말한다. 그러나 이런 경우 어디서 어디까지가 작자의 진실인가를 믿을 수 없게 하고, 결국에는 모두가 거짓이라는 인상에서 벗어나기 어렵다.

    왜 수필이 진실이어야 하는가를 예로 보자. 인색하기 짝이 없는 사람이 베풀지도 않은 선심을 베풀었다고 한다면 독자는 일단 감동한다. 하지만 수필이 이와 같이 남을 속이고 자신을 속이는 글은 아니다. 또한 감동을 주려고 소재가 되는 인물에 대하여 약간의 장애가 있는 것을 극한 장애가 있는 걸로 꾸며서 이를 극복하는 이야기를 한다면 모르는 독자는 감동을 받을 수 있으나 이를 아는 사람 입장에서 보면 어떨 것인가. 문학 자체가 불신받게 되며 작가 역시 비난을 면치 못할 것이다. 글의 소재나 제재는 조금의 거짓도 없어야 한다. 단, 그 내용으로 작가의 생각과 느낌을 서술함에 있어서는 상상을 도입하여 분위기를 자아내는 것은 무방할 것이다.

　수필에서는 서정성을 빼놓을 수 없다. 한 쌍의 연인이 이루지 못한 사랑으로, 헤어져야 하는 감정을 썼다고 하자. 쾌청한 날씨에 오지도 않는 비가 왔다든가 눈이 왔다고 한다면, 분위기가 매우 서정적이다. 그러나 이와 같이 써야만 그런 분위기를 나타내는 것은 아니다. '쾌청한 날씨인데도 가슴 속에서는 가을비가 내려 스산하였다'라든가, '눈은 오지 않아도 가슴 속으로는 눈발이 어지러웠다'라고 하면 분위기는 살릴 수 있다. 오지도 않은 눈이 왔다든가 비가 내렸다고 쓰는 것은, 표현의 기량이 모자라는 것일 뿐이다. 흔히 '허구'라는 말과 '상상'이라는 말의 해석을 혼동하기도 한다. 사전 풀이대로 보면 '허구'란, 없는 사실을 실제로 있는 것처럼 꾸미는 것을 말하고, '상상'이라 함은, 어떤 사물이나 현상에 관하여 마음속에서 그려보는 일, 또는 어떤 일이나 남의 마음을 미루어 생각하는 것을 말한다. 비가 오지 않은 것을 '왔다'고 한다면 허구이고, '올 듯하였다', '올 것 같다', 면 상상이다.

　수필은 독자에게 감동을 주어야 한다. 그 감동을 자아내기 위하여 과장을 하거나 허구를 도입해서는 안 된다. 체험을 자연스럽게 진술하여 독자의 마음을 감동시켜야 한다. 그러나 근래 공모전이나 신춘문예 당선작들은 '문학성'이라는 틀에 맞추기 위하여 작품 소재에 대한 억지의 비유와 과장으로 의미 확장을 하여 주제를 이끌어 내고 있다. 수필은 작가의 인격체가 드러나는 개인적 글이므로 진실을 바탕으로 쓰는 글이다.

진실의 본질과 관련하여 예화를 보자.

일본 국회에서 「우동 한 그릇」이라는 글이 낭독되었다. 저들의 가난했던 전후戰後 시절을 묘사한 짤막한 이 글에 회의장이 울음바다가 되었다. 이 글은 '실화'라는 전제로 거리를 울리고 일본 열도를 울렸다. 그런데 얼마 후 '구리료헤이'라는 작가가 창작한 '동화'로 밝혀지자 모든 국민은 괜히 울었다며 투덜대었다고 한다.

수필은 수필로서 감동케 하는 요소가 있고, 동화는 동화로서 눈물을 흘리게 하는 감동이 있다. 「우동 한 그릇」이 '실화(수필)'라는 전제였기에 일본 열도를 울리게 되었던 것이다. 그러기에 허구(동화)의 감동과 진실(수필)의 감동은 위와 같이 받아들이는 각도가 다르다. 진실이란, 사실의 참됨[眞]을 이르는 말이다. 우리는 가끔 사회면 기사에서 딱한 사정의 주인공에 대해 독자가 이름을 밝히지 않으면서까지, 물심양면의 격려를 보내는 것에 감동한다. 만일 이런 기사가 사실이 아닌 것으로 밝혀지면 사기를 당했다고 할 것이다. 수필의 허구는 이와 다를 바가 없다.

이처럼 허구에 의한 감동과 실체적 진실의 감동은 받아들이는 각도가 다르므로, 작가를 드러내는 수필은 진실을 바탕으로 해야 한다는 결론에 이른다.

수필은 작자作者가 드러나는 글이므로, 문장 한 구절로도 쉽게 작자의 인품을 읽어낸다. 이것이 작자의 품격과는 무관하게 생산되는 다른 부문의 문학 작품과 다른 점이다. 다른 장르는 작자가 화자를 내세워 청자에게 전달하기 때문에 저속한 언어를 써도 무방하다. 그러나 수필은 화자가 작자이므로 문장에 품위가 있어야 하며 감정을 여과시켜야 한다. 사람은 서로가 인격적인 것으로 맺어지는 것이므로, 수필은 독자와의 사이에서 이런 관계를 지켜야 한다.

수필의 격은 대체로 두 가지 면에서 드러난다. 용어 선택에서 오는 것(문장)과, 작자의 품위가 작품 전체에서 드러나는 것이 그것이다. 수필이 대중화하는 추세에 따라 수필권이 넓어지는 것은 좋으나 격이 낮아져서는 안 된다. 수필은 개인적, 인격적 글이므로 품위가 따라야 함을 말한다.

좋은 수필에는 대개 작품 전반에 걸쳐 따스한 인간미나 인간적인 정겨움, 또한 인간적 체취 같은 것들이 숨결처럼 잔잔히 흐르고 있다. 그리고 이것이 독자들의 마음속에 전해져 은은한 감동과 공감을 안겨 준다. 또한 이것이 수필이 지닌 가치요, 특성이다. 수필이란 본래 따뜻하고도 소박한 인간의 마음이나 정情에 바탕을 둔 문학이기 때문이다. 뿐만 아니라 수필은 인간과 인간 사이에서 마음과 정을 이어 주는 연결 고리와도 같은 것이다. 때문에 우리는 수필을 통해 인간 간의 마음과 정을 교류할 수 있다. 그리고 이런 가운데 자신의 속마음을 보여주고 정을 나누며, 감동과 공감을 얻을 수 있다. 그래서 수필은 '보다 인간적인 문학'이며 '정情의 문학'이다. 이것이야말로 소설이나 시, 희곡 등 다른 문학 장르들이 따라오지 못할, 수필이 지닌 장점이다.

더욱이 수필은 작가의 체험이나 보고 듣고 느낀 것들, 또는 자신의 심경 등을 과장이나 꾸밈없이 진솔하게 그려내는 문학이다. 또 허구라든가 독자들을 끌어들이기 위한 기교 같은 것들도 필요로 하지 않는다.

따라서 소설이나 시, 희곡 등 다른 문학 장르들보다 더욱 인간적이며, 호소력도 크다. 그야말로 수필은 인간 본연의 모습이 진솔하게 드러나 보이는, 너무나도 인간적인 문학인 것이다. 수필을 읽고 있으면 왠지 마음이 푸근해지는 친근함이 있으며 작가의 따스한 인간적 체취가 느껴지는 것도 바로 이러한 이유에서다. 뿐만 아니라 친근한 이웃이나 친구 또는 존경하는 사람이나 사랑하는 사람과 마주 앉아서 정겨운 이야기를 듣는 것과 같은 느낌이 자주 드는 이유도 여기에 있다. 때로는 훌륭한 교수나 선생님 등으로부터 강의나 가르침을 받는 느낌이 들기도 한다. 그러나 이때에도 왠지 부담스럽다거나 딱딱하게 느껴지지 않고 오히려 정겹고 친근하게 느껴지는 수가 많다.

이렇게 되기 위해서는 수필에 지식이나 지성이 담겨 있더라도 그 속에 따스한 인간미나 소박한 인간적 체취가 함께 실려 있어야 한다. 만일 그렇지 못하다면 그것은 지식의 나열이나 '강의 노트' 또는 '훈계로의 글'이 될 뿐 수필이라고 하기 어렵다. 다시 말해 수필에는 지성미와 함께 인간미도 함께 담겨 있어야 하는 것이다. 진정한 미인이라면 단지 외모만 아름다운 것이 아니라 지성미와 인간미도 함께 갖추고 있어야 하는 것과도 같다. 작가와 독자 사이에 인간적으로 흐르는 '피'가 서로 통하지 않으면, 그것은 '죽은 수필'일 수밖에 없다. '살아 있는 수필', '생명력이 넘치는 수필'은 작가의 따스한 체온과 '피'가 수필 작품을 통해 독자에게 그대로 전해지는 것이다.

월폴리는 수필문학에 있어서 작가와 독자 사이의 대화 기능이 아주 중요하다고 강조하면서, '대화적인 것이 에세이적인 것과 그렇지 못한 것을 구별 짓는 시금석'이라고 말했다. 그런데 여기서 말하는 '대화의 기능'이나 '대화적인 것'이란 다름 아닌 작가의 인간적인 체취나 피가 독자들에게 전해지는 것을 뜻한다.

아무리 아름다운 수식어를 많이 늘어놓고 문장이 아름답더라도, 글 속에 지식이나 지성이 넘쳐흐른다 해도 그 안에 인간적인 체취나 피가 흐르지 않으면 수필로서는 생명력이 없다. 수필은 곧 인간미의 흐름이기 때문이다.

수필을 쓰는 사람과 수필인隨筆人

　사회적 영향력이 있는 종교인을 두고 '답다'라는 표현을 한다. 공사公私 생활에 맞는 언행을 하고 있다는 뜻이 아닌가. 반면, 그 신봉하는 종교에 대하여 욕을 먹이는 사람도 있다.

　글을 쓰는 사람도 마찬가지다. 여기서 말하고자 하는 사람은 수필가에 대한 이야기다. 일찍이 프랑스의 박물학자요 계몽사상가인 '뷔퐁'은 "글은 곧 사람이다"라고 했고, 독일의 소설가 '루이제 린저'는 "그 사람과 그 사람이 쓴 글은 똑같다"라고 하여 작가가 곧 글이요, 글이 곧 작가라고 했다. 그것은 글을 쓴 사람의 인격이나 됨됨이, 품위 등이 문장 안에 그대로 담기게 된다는 것을 말한다.

　이들의 말에는 글 쓰는 문학인들이 모두 포함되는 말이지만 필자는 다른 장르는 별론 하고 수필 쓰는 사람의 경우만을 언급하려고 한다.

수필은 체험의 사실을 진솔하게 쓰는 글이다. 이를 토대로 '좋은 글'이 되기 위하여 독서와 사색, 관조와 통찰, 올바른 가치관과 분별력을 바르게 갖는 기본 준비를 해야 한다. 이를 바탕으로 소재 발굴의 참신성, 주제를 이끌어 가는데 필요한 제재題材 도입을 하여 어떻게 쓸 것인가를 착상하여 구성을 하게 된다.

여기서부터는 취향에 따라 수필의 종류, 형식, 수법 등 자기 형식에 맞추어서 집필하게 된다. 또한 작가의 기량에 따라 문장과 문체, 미적 감동, 문학성과 예술성, 문학적 형상화까지 확장하였을 때 '수필 문학'이라는 팻말을 붙이게 되는 것이다.

이 모든 과정을 통과하여 써진 수필은 글 속에 있는 대상이 글쓴이의 시선과 사고로 보고, 듣고, 느낀 것이다. 그 문장 역시 글쓴이의 문학적 기량이다. 결국 작가가 화자를 통하여 청자에게 전달하거나, 경험 사실을 토대로 있을법한 가상의 스토리(허구)를 지어내는 다른 장르와 다르다는 것이다. 그래서 수필은 수필로서의 특성이 있다.

이러한 기본이론과 창작기법을 공부하면서 수필을 쓰는 사람이 많다. 그러나 이런 과정을 거치지 않고도 문학적 재능이 있어 쓰는 사람, 더러는 그저 취미활동으로 '자기만의 수필'을 쓰는 사람도 있다. 중요한 것은, 어떤 사람이 어떠한 글을 쓰는 가이다.

 이론과 기법을 잘 모르더라도 소박하고 진솔하게 쓴 글이 감동이 있으면 좋다는 느낌이 든다. 대상을 보는 작가의 심성이 바르고 따뜻하면 표현하는 문장이 좀 좋지 않아도 미적 감동을 얻을 수가 있다. 또한 작가의 일상생활에서 느끼는 사람 됨됨이와 글이 일치하면 좋은 글이라고 생각하고 있다. 그런데 가끔 악문惡文, 속문俗文, 미문美文보다 더 역겨운 글이 있다. 바로 간교奸巧한 사람이 쓴 글이다. 속칭, 인간 됨됨이가 잘못되어서 지모智謀가 뛰어나고 교사狡詐스런 사람이 세련된 문장으로 독자를 끌어당기는 수필가들을 볼 수 있다. 한두 번은 읽지만 사람과 글이 다르면 결국 독자는 염증을 느끼게 되고 '잘 쓴 수필'에 대한 가치관을 잃고 만다. 더욱이 그러한 글을 문단에 널리 알리기 위해 지면 할애 청탁까지 하는 행태를 보면 순수한 독자에게 미안하다는 생각까지 든다.

 지금은 수필 시대이다. 아나톨 프랑스가 일찍이 말했듯이 현대라는 과학 문명시대에 적합한 기술 양식은 산문이라고 했다. 현대인은 인생 문제에 대하여 그 인격의 체험과 진실을 직접 듣고 싶어 하는 요구에 따른 것이라 하겠다. 그래서 수필이 어느 날엔가는 온 문예를 흡수해 버릴 것이라고 했듯이 지금이 그 실현 단계에 온 것으로 느껴진다.

   최근 들어 수필인구가 급증하고 있다. 어떠한 연유로 수필을 쓰는가는 면면이 밝힐 이유는 없다. 문단에도 수필가의 비중이 시인 다음으로 자리매김하고 있다. 수필을 쓰는 사람이 많아지고 있는 만큼 수필가다운 '수필인'이 많아지기를 바라는 마음이다.

사회상규와 상식의 혼돈시대

형법 제20조〔정당행위〕의 하나로 '사회상규에 위배 되지 않는 행위는 위법성이 조각된다'고 되어 있다. 이 사회상규는 사회윤리, 사회통념을 말하고 있다. 그런데 지금 우리나라는 사회상규와 상식의 혼돈시대를 맞고 있다.

우리는 흔히 문화와 지식을 습득하면 이를 기본 교양이라고 한다. 전문적인 지식이 아닌, 정상적인 사람들이 가지고 있거나 또는 가지고 있어야 할 일반적인 지식·이해력·판단력·사리분별 능력을 통칭하는 용례를 '상식'이라고 한다. 엄밀히 따지면 '정상'의 기준을 어디에 두어야 하는지를 말하고 있다.

오래전 일이다. 대통령이 취임하면서 '역사 바로 세우기'를 할 때부터 모든 게 무너지기 시작했다. 다리가 무너지고 아파트가 무너지고 열차 사고, 지하철 사고, 배 사고, 비행기 사고 등 나라 곳곳에 대형 인명사고가 끊이지 않았고 국가가 부도났다. 두 전직 대통령을 감옥에 보내는 패륜이 저질러졌고 그 이후까지 이어져 왔다. 폭력과 강·절도범, 이들과 동지라고 알려진 유명정치인들이 검증 절차와 명단 공개도 없이 국가유공자가 되어 국비를 마구 챙기고 갖은 혜택을 입게 되었다. 이러한 일이 있은 후 현재까지 사회적 가치관의 기준이 모호해졌다. 해방 이후 국내적 큰 사건들이 왜곡된 역사로 변형되었고 학교 교육도 특정 사상에 물들어 이를 바로잡기 어렵게 되었다.

지금 우리 사회는 어떤가? 젊은 사람들은 결혼도 안 하고 아이도 낳지 않으려 한다. 많은 사람이 개 아빠 개 엄마가 되었고, 고양이 오빠 고양이 언니가 되었다. 패륜적인 행위자가 정치 최고 지도가 되어도 당연한 일이고 부모와 자식 간에 사상과 이념이 반대가 되고 있어도 그게 당연하다고 여기고 효도 문화는 옛날이야기가 되었다. 서울 도심 한복판에서 거의 나체의 몸으로 발광을 하는 축제를 하다가 죽은 이들이 나라를 지키다 순국한 애국지사보다 더 예우받는 세상이다.

이러한 모든 현상이 누구의 책임인가? 이건 대대로 권력과 부를 누리어 왔고 누리고 있는 기득권 세력의 책임이다. 조선말에 이들 횡포에 견디지 못해 동학혁명이 일어났다. 이를 진압하려다가 청일전쟁과 러일전쟁이 일어났고 결국 나라가 망했던 것이다. 지금도 기득권 정치인들은 나라와 국민을 위하여 일하기보다 밥그릇 싸움에만 혈안이 되고 있다.

구약시대 때 의인 열 명이 없어서 소돔과 고모라성은 멸망하였다. 지금 우리 사회가 그와 같은 위기라고 볼 수 있다. 이쯤에서 우리 사회 지도자들이 스스로 의인이 되어야겠다는 생각을 가져보면 어떨까? 가히 바라기는 힘들겠지만 정말 정신 차려야 한다. 우리 모두 의인이 되는 마음으로 상식이 통하는 사회 복원을 위해 노력하기를 권면한다.

중원中原에 우뚝 선 문학예술의 지도자
청하 선생님

    2008년 봄이었다. 나에게 시를 가르쳐주신 은사 박곤걸 선생님께 자문을 구하는 일이 있었다. 필자가 지도하고 있는 영남대학교 수필대학 수료생 중에 우수한 사람을 등단시킴에 있어 좋은 문예지로 시키고 싶다며 연결을 부탁드렸다. 그간 중앙에 있는 여러 문예지와 연결고리로 많은 사람을 추천하여 왔으나 좀 더 좋은 문예지에 보내고 싶어서였다. 그때 박곤걸 선생께서 《수필시대》를 소개하여 주셨다.

    사실 청하 선생님은 오래전부터 존함은 알고 있었다. 문학 작품, 국문학 연구 논문, 비평과 칼럼 등을 접하였음은 물론 문단 활동과 문화운동의 선봉에 서 계시는 분이였기 때문이다. 그러나 감히 다가갈 수 없는 어려운 분이였다. 박곤걸 선생님의 덕분으로 그 당시 수료생 중 수필을 가장 잘 쓰는 문하생 소진 박기옥 선생을 추천하면서부터 청하 선생님과 인연이 시작되었다.

우리나라에 많은 문예지가 있다. 종합문예지와 수필전문지 등 수없이 많다. 그러나 어느 문예지로 등단을 하는가는 매우 중요하다. 그 문예지를 운영하는 발행인의 작품성, 인품, 덕망이 곧 그 문예지 출신의 격도 맞물려 가기 때문이다. 이후 필자가 《영남문학》을 창간할 때까지 유옥희 수필가를 비롯하여 박춘자, 이은경, 전대연, 박정자, 이정경, 임오동 수필가 등 많은 사람을 추천하였다.

나는 청하 선생님을 늘 '박사님'이라고 존칭하고 있다. 우리 시대는 박사도 많고 선생도 많다. 과거에는 '이승만 박사', '장면 박사', '김구 선생' 등 민족의 지도자들에게 부르던 존칭이었다. 박사란 대학에서 받는 학위만을 말하는 것이 아니다. 어떤 일에 정통하거나 숙달된 사람을 비유적으로 이르는 말로 많이 쓰인다. 청하 선생님은 국문학 박사이다. 그러나 내가 호칭하는 성기조 박사님은 더 넓은 개념이다.

청하 선생님은 우리 현대사에 큰 족적을 남기신 분이다. 문학예술뿐만 아니라 정치, 경제, 사회, 문화 등 각 분야에서 지대한 공적이 있는 분이다. 심지어 경찰관 수상 안전교육에 이르기까지 다방면으로 헌신하여 오셨다.

특히 자애로운 성품으로 가난한 문화예술인의 권익 보호를 위하여 심혈을 기울이고 계시는 분이다. 이러한 의미에서 성기조 박사님은 문선文仙이요, 중원의 패자覇者라 칭하고 싶다.

최근에 와서는 청하 선생님을 자주 뵐 수 있게 되었음은 물론 많은 은혜를 입게 되었다. 2010년 10월에는 필자가 《수필시대》에 평론으로 신인상을 받는 동시에 수필부문 청하문학상까지 받았다. 2011년 4월에는 호미곶에서 개최한 문학세미나에서 주제 발표하는 영광을 얻었다. 그때 사회자가 하던 말이 인상 깊었다. "오늘 세미나에 두 분이 주제 발표를 합니다. 한 분은 팔순을 앞두고 계시는 문단의 원로이신 성기조 선생님과 또 한 분은 아주 젊은 장사현 수필가입니다. ……."

그랬다. 문단 경력이나 학식, 나이 등 어느 면으로나 청하 선생님과 같은 자리에서 주제 발표를 한다는 것은 과분하였다.

이후 2011년 10월 속리산 아람호텔에서 개최한 문학세미나와 2012년 12월 공주 마곡사에서 개최한 문학세미나 등 여러 행사에서 발표와 토론의 기회를 주시는 바람에 필자는 성장의 계기가 되었다.

청하 선생님과의 인연 중 또 하나의 괄목할만한 일이 있다.

2010년 계간 종합문예지 《영남문학》을 창간할 때였다. 여러 가지 창간 준비를 마치고 6월에 발간할 창간호를 내기 위하여 필진을 고심할 때 권두언이 가장 중요하였다. 어떤 분에게 청탁할까 하고 생각하다가 청하 선생님께 청탁서를 올렸다. e메일로 보낸 청탁서의 한 토막을 옮겨본다.

'존경하는 성기조 박사님 존체 평안하셨습니까.
부족한 제가 계간 종합문예지 《영남문학》을 창간하게 되었습니다. 부산·경남·울산·대구·경북 등 영남지역의 문학 단체장과 문인들이 힘을 모아 준데 힘입어 앞장서 일하게 되었습니다.

창간호인 만큼 권두칼럼을 어느 분이 쓰시는가에 따라 책의 격이 나타나므로 감히 원고 청탁하고자 합니다. 허락하여 주시면 영광으로 여기겠습니다.

(2010. 4. 7 장사현 올림)

선생님께서는 쾌히 승낙하셨고 곧바로 원고가 들어왔다. '두 주먹 불끈 쥐고 힘을 내십시오'라는 제하의 권두 칼럼이었다. 은사에게 받는 사랑의 편지였으며 성직자의 권면의 말씀과 같았다. 일부만 소개한다.

장사현 선생.

이번에 큰일을 떠맡으셨군요. 우리나라에서 문학잡지를 발간하는 일은 참으로 어려운 일인데 그 일을 대구에서 해내신다니 자랑스럽기도 하지만 한편으로는 걱정이 앞서는 것도 사실입니다.(중략)

장 선생이 창간하는 『영남문학』은 '문학예술의 지방화, 그리고 대중화'란 뚜렷한 기치를 내걸고 출발하는군요. 원래 대구는 건국 이래 영남지방의 문학적 중심에 놓여 있었습니다.(중략)

장사현 선생.

유월의 녹음 망초가 대지에 뒤덮여 산과 들을 아름답게 꾸미고 있습니다. 온 천하가 푸른 빛깔에 가려 꽃보다 아름다운 경치를 보여주고 있습니다. 봄에 피는 꽃도 아름답지만 유월의 푸르름은 모든 사람에게 희망과 용기, 그리고 불끈 솟는 힘을 공급합니다……:

그해 여름 6월 19일. 창간호 출판기념식 때 청하 선생님께서 친히 오셔서 축사까지 하셨다. 부산문협 정영자 회장님, 경북문협 조영일 회장님, 대구문협 구석본 회장님, 동리목월문학관 장윤익 관장님, 오양호 선생님, 도광의 선생님, 김원중 선생님, 김규련 선생님 등 문단의 어른들을 모신 자리에서 문학 정신의 힘을 키우는 자양소를 얻었다.

나는 가끔 청하 선생님의 인생관을 펴본다. 문학을 통하여 인생과 자연을 노래하고, 미치도록 사랑하는 법도 배우며, 풍진 세상을 사는 지혜도 배우고, 예술이 꽃이 되는 세상도 꿈꾸어 본다. 무엇보다 문하생을 아끼고 사랑하며 배려하는 그 넓은 가슴을 닮고 싶다.

지역 문학과 지역 저널의 역할

1. 지역 문학의 개념 정립

지방자치체가 정착된 이후 정치, 경제, 사회, 문화 등 모든 영역이 분권화分權化되고 있다. 그래서 문학도 지방화시대가 되었다. 여기서 '지방'과 '지역'에 대한 개념 정의부터 한 후 「지역 문학과 지역 저널의 역할」에 대하여 논하고자 한다.

지방地方이란 한 나라의 수도首都 이외의 지역을 말하며, 지역地域은 자연적 또는 사회적, 문화적 특성에 따라 일정하게 나눈 지리적 공간이다. 지역 분류로서 북부지역, 중부지역, 남부지역 등 대분류와 경인지역, 영동지역, 호남지역, 영남지역 등 권역별 분류를 하고 있다. 또한 남해안 다도해지역, 안동유림 문화권 지역, 울산공업지역 등 세분하는 기준이 수없이 많다. 이러한 의미에서 보면 서울은 서울지역이고 부산은 부산지역이며 안동은 안동지역이다.

행정적行政的으로 볼 때는 서울은 중앙이고 그 외에는 모두 지방이다. 이러한 관념이 역사 이래 계속되어 모든 권력이 중앙에 있었다. 그래서 문단의 권력도 서울에 있다고 여겨왔다. 문예지도 시·도 문인협회에서 발행하는 기관지機關誌나 동인지를 제외한 모든 정기간행물은 어디서 펴내든 전국을 대상으로 하는 중앙지 형태를 취하고 있다.

한국문학의 원형은 지방에서 비롯되었다. 그 주체 인물이나 작품의 소재도 역시 그렇다. 다만 서울이라는 곳에 인구가 집중되고 행정체계처럼 한국문인협회가 서울에 있기 때문에 구조의 중심이 되어왔던 것이다. 그래서 중앙문단과 지역문단이라는 말까지 나왔다. 더욱이 중앙문단의 문인은 지방문단의 문인보다 우월하다는 인식까지 있었다. 그러나 중앙문단의 문인들 대부분이 지방에서 상경한 사람들이고 작품의 소재가 대부분 지방이라는 점을 생각하면 그 구분의 경계를 그을 수가 없을 것이다. 그래서 '중앙'의 상대적 의미로서의 '지방'이 아닌 각각의 장소를 평등하게 보는 '지역'이라는 단어와 '문학'이 합쳐 '지역문학'이라는 용어를 정립하는 것이 바람직하다.

본고에서는 행정적으로 말하는 중앙과 지방이 아니다. 한국문학의 원형이 어떻게 생성되었는가와 앞으로 가야할 방향이

어떻게 되는 것이 바람직한가의 문제를 두고 개념 정리를 하고자 한다. 이러한 견지에서 가장 지역적인 문학작품과 가장 지역적인 문학 활동이 '한국문학의 메카'가 된다는 것으로 정의하고자 한다.

2\. 지역 문학의 현황과 활동 사항

전국의 지역 문학 현황과 활동 사항을 지면상 다 열거할 수는 없다. 이해를 돕기 위해 몇 곳만 보더라도 한국 문단을 이끌어 온 주체는 지역 문학이었다. 지자체가 정착되면서 종전에는 중앙문인으로 인식되어왔던 주요 문인의 작품세계와 문학정신을 이제는 지방자치단체에서 조명하고 부각시켜서 관광브랜드화 시키고 있다. 가령 박경리 소설가를 두고 원주시·통영시·하동군에서 각각 문학관을 세우고 문학공원을 조성하는 등 관광명소를 만들었다. 서정주 시인 때문에 고창군 일원은 모두 국화밭이 되었고, 이효석의 소설 한 편이 평창군 일원을 메밀밭으로 만들었다. 최명희의 소설로 인하여 남원시는 혼불문학관을 세웠으며 김유정 소설가 때문에 신남역이 김유정역으로 개명되었다. 유치환 시인을 두고 거제시와 통영군에서는 문학관과 생가를 건립하고 서로 이곳이 진짜라고 주장하기까지 이른다.

지역문학인의 활동상과 그 흔적들을 몇 곳만 살펴보자. 대구는 현대문학의 본향이다. 한국현대시의 이정표를 세운 민족

저항 시인 이상화 선생을 비롯한 많은 문인이 배출되었다. 또한 6·25 전쟁 때는 피난처로서 전국의 문인들이 운집하여 민족의 아픔을 작품화시켰다. 현대문학 최초의 동인지 《죽순》은 1946년 5월 석우 이윤수 시인이 창간하였다. 대구의 '죽순구락부' 동인을 중심으로 영남지방의 문인들이 참여하였다. 창간호에 이윤수의 시 「죽순」, 이호우의 시조 「춘한」 이영도의 시조 「제야除夜」, 박목월의 시 「봄비」, 박영호의 시 「먼 길」 등이 실렸다. 6·25 전쟁 때 잠시 정간되었다가 복간하여 오늘에 이르고 있다. 정기간행물로는 1952년 유치환 시인이 발행한 《시와 시론》(편집인은 구상, 주요 멤버로는 김춘수, 박두진, 이호우 등)이 있었다. 또한 현재 간행되고 있는 정기간행 문예지로서 시 전문지 《시와 반시》와 종합문예지 《영남문학》 등은 거대한 문인 조직을 형성하고 있다. 경주에는 김동리와 박목월, 영양에 조지훈·오일도·이문열, 안동에 이육사, 마산에는 이은상을 비롯하여 아동문학과 결핵문학이 한국문학사에 큰 영향을 끼쳤다. 진해에 김달진, 사천에 박재삼, 산청에 천상병, 하동에 박경리 등 한국현대문학의 거장들이 활동하던 지역에 문학관이 세워지고 문학축제를 하고 있다.

그 외에도 대전에는 주옥같은 작품들을 남긴 한성기, 박용래, 정훈, 권선근, 최상규 등 대전을 대표하는 작가들의 문학세계가 대전문학관에 보존되어 있으며 '호서문학회'는 1951년부터 60년 넘게 활동하고 있다. 목포지역에는 김우진, 박화성, 차범석, 김현 등의 작품세계를 조명하는 문학관이 있고 문학상을 제정 축제를 하고 있다.

특히 일찍이 진주에서 지역문학 발전을 위해 헌신해온 파성 설창수 선생을 꼽을 수 있다. 파성 선생은 광복기부터 문화 운동을 하였다. 선생은 개천예술제를 창시하여 독립 국가를 건설하는 방안으로 민족혼과 예술혼을 접목시키는 고행의 흔적을 남겼다. 또한 '영남문학회' 창립과 문예지 《영문》을 창간하였다. 그는 개인적인 문학지상주의와 서울중심주의를 강도 높게 비판하였으며 전인문학이라는 틀 위에서 국가문학과 지역문학을 한 고리로 묶는 실천적이고도 활발한 문학 활동을 펼쳤다.

3. 지역 저널의 역할

지역 저널은 토속성과 특성, 역사적 숨결과 정신을 잘살려야 한다. 지역문학지는 그 지역의 작가와 작품을 재조명하고 새로운 방향을 제시하는 기능까지 담당하여야 한다. 또한 비평의 영역을 확대하여 무조건적으로 미화되어온 사안에 대하여는 냉철한 비판도 있어야하고, 명망가들에게 줄서기를 하지 않아 조명 받지 못한 작가를 발굴하여 재해석하는 일에까지 확대하여야 한다.

현재 우리나라에서 발행하고 있는 정기간행(계간, 격월간,

월간)잡지 중 각 시·도 문인협회에서 발행하는 문예지 외에는 모두 전국을 대상으로 기획, 편집하고 있다. 그래서 모두 비슷한 유형으로 특색이 없다. 다만 전통이 있고 발행인의 문학적 인지도가 높은 문예지의 경우 좋은 필진을 확보하고 있다는 것이 차이라면 차이일 뿐이다. 여기서 필자가 발행하고 있는 계간 《영남문학》을 소개하는 것이 '지역저널의 역할'이라는 주제에 일치하여 소개하고자 한다.

계간 《영남문학》은 전국 최초로 지방문예지를 표방標榜하고 2010년 6월 15일자로 창간호가 나왔다. 필자는 오래전부터 지역 특성에 맞는 지역문예지를 만들고 싶었다. 그래서 전국에서 나오는 모든 문예지를 조사하여 보았으나 지역성을 살리는 문예지는 없었다. 하여, 영남지역의 자연적, 지리적, 역사적, 문화적, 문학적 특성을 살릴 수 있는 '영남문학'이라는 제호로 창간하기로 결심하였다. 그러나 제호 사용에 문제가 있었다. 파성 설창수 시인이 창간하여 18집까지 내고 1961년 정치적 피해로 폐간된 계간 《영문》(영남문학의 약자)이 있었기 때문이었다. 그 당시 《영문》과 관련된 문인들이 현재 문단에 권위 있는 중견 또는 원로문인으로 계시기 때문에 필자는 이분들의 양해와 협조를 구하게 되었다. 그리고 부산·경남·울산·대구·경북 등 5개 광역 시·도의 문인협회 회장과 문학단체장의 협조를 구하여 영남지역 통합문예지 형태로 창간하게 되었다.

영남문학의 편집방향을 보면 지역저널의 역할이 잘 드러나고 있다. 영남유림嶺南儒林의 선비정신과 문학정신을 조명하는 '문중탐방'과 영남지역의 문인 중 인품과 작품이 우수한 작가를 조명하는 '문인 탐방', 그리고 영남지역의 작고作故 문인의 삶과 문학세계를 비춰보는 '영남의 인물문학사' 등은 괄목 할만하다. 그 외에도 지역의 문학단체를 두루 탐방하고, 지역 내에 숨겨져 있는 역사와 유사를 발굴하여 스토리텔링으로 구성하고 있다. 그리고 필진을 선정하는데도 5개 광역시·도의 각 지역 안배를 고려하며 명망이 높은 문인에서부터 인지도가 없는 신예작가에까지 고루 배분하여 균등한 발표 기회를 부여하고 있다.

지역저널은 지역실정에 맞게 하여야하며 지역민과 함께 만들어가야 한다. 저변확대가 문예지의 질을 떨어뜨리는 것이 아니고 모두가 '우리'라고 하는 공동체 의식을 가지게 하는 것이다. 뿐만 아니라 지역저널은 문화예술 기부활동도 하여야 한다. 일반인과 학생들에게도 문화향수를 맛볼 수 있게 하여야 한다. 그래서 영남문학에서는 낭송가협회를 결성하여 각 지역마다 찾아가는 낭송콘서트를 개최하면서 지역 작가들의 문학 작품을 퍼포먼스 등 행위예술로 전달하는 역할까지 하고 있다.

지금은 지식기반 경제 시대가 아니고 창의성기반 경제시대이다. 유네스코가 지정한 '창의 도시' 중 '문학창의 도시'가 다섯 곳이 있다. 영국의 에든버러, 호주의 멜버른, 미국의 아이오

와시티, 아일랜드 더블린, 아이슬란드 레이카비크 등이다. 이곳은 모두 지역문학과 그 지역의 특성을 살려서 문학구역 설정, 국제 책 축제, 스토리텔링 축제, 국제창작 프로그램 지원, 낭독회, 문학지도 사용, 문학상 제정과 문학축제 개최 등으로 관광수입을 올려 부자 도시가 되었다.

가장 지역적인 것이 가장 세계적이 될 수 있다. 이제는 더 이상 중앙과 지방, 전국과 지역이라는 봉건적 또는 시대에 따르지 못하는 개인적 문학지상주의에서 탈피하여야 한다. 또한 문인들만의 문학이 되어서도 안 되며 문인들끼리만 읽는 문예지가 되어서도 안 된다. 문학은 곧 밥이요, 행복의 근원이다. 지역민과 함께 지역경제와 지역정서를 선도하는 문인이 되어야 하고 문예지가 되어야 한다.

문학이 피운 경제의 꽃

　봄은 꽃들이 쏟아내는 언어의 향연이다. 사소부인娑蘇夫人의 '문 열어라 꽃아'라는 절규가 귓전을 울리는 듯하다. 오늘 매화 만발한 청도 자계서원에 왔다. 필자가 강의하고 있는 영남대 사회교육원 수필창작 교실의 수강생들과 야외수업을 나온 것이다.

　　화란춘성花爛春城하고 만화방창萬化方暢이라.
　　때 좋다 벗님네야, 산천경개山川景槪를 구경을 가세.

　펼쳐진 산야를 바라보니 어느 선비가 쓴 유산가遊山歌가 떠오른다.

자계서원은 탁영 김일손 선생을 제향하기 위해 세운 서원이다. 탁영 선생은 점필재 김종직 선생의 제자로서 무오사화 때 능지처참을 당한 언관言官이었다. 500년의 세월은 흘렸어도 선비의 정신은 그대로 남아 있다.
　서원을 둘러보며 생각의 끈을 펴본다. 지천으로 피어있는 저 꽃들은 갖은 열매로 가치를 남길 것이다. 그렇다면 유한 존재인 인간이 남길 수 있는 무한 가치는 무엇인가? 그것은 글과 문학이 아니겠는가.

　흔히 말한다. '문학을 하면 밥이 나오나'라고. 돈 안 되는 짓을 한다는 비아냥거림을 듣기 일쑤다. 사실 그렇다. 전업 작가나 문학전공으로 직업을 가진 사람은 극소수에 불과하고 대부분은 글을 써야겠다는 정신에서 고단한 창작활동을 한다. 전업 작가 역시 다른 분야의 전문인에 비하면 대부분 가난한 삶이다. 시와 수필 한 편의 원고료가 10만 원, 소설 한 편의 원고료를 30만 원 받으면 꽤나 인기가 있는 작가다. 반면에 방송국 쇼 한 프로의 주인공은 800만 원, 속옷 브랜드 광고 모델의 1년 전속 개런티가 6억 2000만 원이었다. 미국 소녀 '미셸 위'는 한국 모 부동산 개발회사와 2년 계약 광고료를 28억 원이나 받은 바 있다.
　문예지를 발행하는 나는 100만 원짜리 광고 한 건을 얻기가 하늘의 별 따기다. 원고료 지불이 어려워 매호 필진을 정하는데 일부 지면을 제외하고는 인과관계가 형성된 문인들에게 청탁을 하고 있다. 크게 부각되지 않은 작가는 자기의 글을 실어주는 것만으로 오히려 고맙게 생각하고 있는 게 문단의 현실이다.

박경리는 소설 「토지」 한 편을 쓰는데 25년을, 최명희는 소설 「혼불」 한 편을 쓰는데 17년이나 걸렸다. 그러나 그들은 가난과 질병으로 지난한 삶을 살았다.

그렇다. 어찌 현실에 보이는 것만을 두고 가치 기준을 삼을 것인가. 우리나라는 수많은 전쟁, 그리고 IMF를 거치면서도 무역 1조 달러 달성으로 세계 9위의 경제 대국이 되었으며 G20 정상회의도 개최하는 저력을 보였다. 이러한 원동력은 어디에서 왔을까. 물론 산업현장의 역군들이 이루어 낸 것이다. 그러나 그 정신적 원동력은 문학이 뒷받침이 되었다. 세종대왕이 집현전을 설치하고 유교 사상을 중심으로 문민정치를 하므로 태평성대를 이루었으며 오늘날 한글이 세계적인 언어가 되고 있지 않은가. 문학적으로 볼 때, 소설 「임진록」과 같은 고담까지는 들먹이지 않고 근·현대만 보더라도 윤동주, 심훈, 한용운, 이상화 같은 시인의 시 한 편이 분노를 다스리며 민족정신을 결집시켜 왔다.

루소의 「에밀」이 불란서 혁명의 도화선이 되고, 톨스토이의 「부활」이 농노해방의 축이 되었고, 입센의 「인형의 집」이 근대 여성운동의 촉진제가 되었으며, 스토우부인의 「엉클 톰스 캐빈」이 미국 남북전쟁의 도화선이 되는 등 문학이 개혁의 원동력이 된 예들은 얼마든지 찾을 수 있다.

또한 문학은 그 시대의 경제 현실의 거울이 되기도 했다. 연암 박지원의 「허생전」을 비롯하여 염상섭의 「표본실의 청개구리」·「만세전」, 최만식의 「탁류」, 현진건의 「운수 좋은 날」 등이 경제를 모티브로 한 대표적인 작품이다.

경제에서 문학의 힘을 보여준 외국의 경우는 어떠한가. 문학을 사랑하는 영국은 "셰익스피어를 잃느니 차라리 인도를 버리겠다."고 했다. 그러한 영국은 조앤 롤링의 「해리 포터」를 통해 폭발적인 경제적 가치를 가지지 않았던가. 또한 세계 2차 대전 후 극도로 어려웠던 이탈리아도 빅토르 데시카의 「자전거 도둑」·「길」·「해녀」 등의 많은 작품이 경제회복의 버팀목이 되었던 것이다.

지금은 지식기반 경제에서 '창의성기반 경제'로 전환되고 있다. 유네스코가 지정한 '창의 도시'중 '문학 창의 도시'가 5군데다. 첫 번째로 지정된 곳은 영국의 '에든버러'이다. 출판 산업과 독서 운동의 진원지로서 에든버러대학 도서관이 위치한 곳을 문학 구역으로 지정하여 '국제 책 축제'와 '국제 스토리텔링 축제'등을 통하여 엄청난 관광 수입을 올리고 있다. 다음은 호주의 '멜버른'이다. 그곳에서는 빅토리아 프리미어 문학상을 제정하여 여러 가지의 작가 축제를 통하여 관광 수입을 올리고 있다. 다음으로는 미국의 '아이오와 시티'이다. 이 도시에서는 세계 1,200여 명의 젊은 작가에게 국제 창작프로그램을 지원하고 있다. 하여, 이 도시에서는 15명의 퓰리처상 수상자와 4명의 계관시인을 탄생시켰으며 세계 각처의 작가들이 낭독회를 가지면서 담론을 하기도 한다. 네 번째로 아일랜드 '더블린'이다. 제임스 조이스와 윌리엄 예이츠 같은 유명한 작가의 출신지다. 이 도시는 '문학지도'를 사용하기도 하며 문학적 명성을 위해 '임팩더블린 문학상'을 제정하여 문학상 가운데 가장 많은 상금을 지원하고 있다. 마지막으로 아이슬란드 '레이캬비크'이다. 중세 영웅의 전설을 뿌리로 하는 문학 도시로서 북유럽 문학의 꽃이라고 불리는 사가saga의 고향이다.

　이처럼 세계적인 추세를 보더라도 문학 속에 경제가 있고 경제가 문학을 지원하고 있는 것을 볼 수 있다.

　우리나라의 경우도 그렇다. 지자체가 된 이후로 각 시·군마다 문학적 브랜드를 조명하고 지역 경제와 연계를 시키고 있다. 서정주 시인의 「국화 옆에서」라는 한 편의 시가 고창군 전체를 국화밭으로 만들었으며, 이효석의 소설「메밀꽃 필 무렵」이 평창군 일원을 메밀밭으로 만들지 않았는가. 김유정의 소설 때문에 신남역이 '김유정역'으로 개명되었다. 박경리 소설가 한 사람을 두고 통영, 하동, 원주에서 각기 문학관이나 문학공원을 만들었으며, 유치환 시인을 두고 거제와 통영에서 문학관과 생가를 건립하여 '서로 이곳이 진짜 생가'라고 주장하고 있다.

 오늘은 만화방창萬化方暢 춘흥春興에 취하였다. 수강생이 살고 있는 전원주택의 운치에 취하고, 봄나물을 안주하여 막걸리에도 취하였다. 취하였지만 취하지 않는다. 자계서원 뜰에 빛나는 예지로 불 밝힌 매화를 보며 탁영 선생의 선비정신을 되뇐다. 그리고 고난의 길을 걸어온 문학이 피운 경제의 꽃을 생각하며, 경제가 피워줄 문학의 꽃을 염원해 본다.

웃고만 있을 수 없기에

요즘은 웃는 사람들이 많다. 사람들 앞에서 환한 표정으로 웃는 사람이 많다. 살만한 세상을 만들었기에 웃음을 연출하기도 하고 웃음이 저절로 나는 사람도 많다. 정치인이 웃고, 헌법기관 공직자가 웃고, 방송인이 웃고, 언론이 웃고, 법조인이 웃는다. 그래서 덩달아 표정이 밝아지고 웃게 되니 모든 일이 잘되고 있는 듯하다.

많은 사람은 행운의 무지개를 찾아다니고 이를 잡게 되면 돈, 권력, 향락에 대하여 성취하게 된다. 그래서 웃는다. 이 웃음을 행복의 기준으로 삼고 있으나 진정 행복한 삶이 되는 건 아니다. 웃음 속에는 가치관이 있어야 한다. 그 가치관은 사회상규에 맞아야 하고 도덕성이 바탕에 깔려야 한다. 사회상규와 도덕을 바탕으로 사람이 지켜야 할 규범을 공표한 게 곧 법法이다. 이러한 법의 잣대는 만인에 평등하게 적용되어야 한다.

요즘은 웃는 사람이 많다. 그 웃음은 혼자 웃는 웃음이다. 다산 정약용 선생이 강진 유배지에서 지은 5언절구 한시 「독소獨笑」다. 이 한시의 내용이 사람 사는 현상을 정확하게 보여주고 있다. 그래서 한심한 정치인을 보고 웃고, 언론인을 보고 웃고, 공직자를 보고 웃고, 법조인을 보고 웃는다. 조선조 정조에서 고종에 이르기까지 시대 상황이 지금과 유사하다. 그래서 많은 사람이 웃는다.

대문호 톨스토이의 「세 개의 의문」이라는 자문자답한 글이 생각난다. '가장 중요한 시간이 지금이고, 가장 필요한 사람이 지금 나와 함께 있는 사람이고, 가장 중요한 일은 지금 내 옆에 있는 사람에게 정을 주고 집중하며 선을 행하는 일이다.'라고 했다. 바꿀 수 없는 어제와 확실치 않은 미래에 대하여 마냥 웃고만 있을 것이 아니다.

나는 공직생활 20년을 보람 있게 한 후 25년째 문예운동을 하고 있다. 그 중 《영남문학》을 창간하여 15년째 책을 발행하고 있으며 (사)영남문학예술인협회를 운영하고 있다. 짧은 세월이지만 참으로 지난한 생활이었다. 철학자 디오게네스처럼 대낮에도 등불을 들고 다니며 사람을 찾아왔다.

그간 나와 동행한 많은 회원에게 참으로 힘들게 했다. 한 사람 한 사람의 모습을 생각하면 눈물겹다. 나는 앞으로도 의식이 있는 한 지금 나와 함께하는 사람과 이 일을 계속하려 한다. 즉 문학예술을 통해 대중에게 좋은 정서를 함양시키고 바른 사고를 가지게 하여 진정 기쁘고 행복한 웃음을 짓게 하고 싶다. 그래서 웃고만 있을 수 없어 오늘도 글을 쓰며 문예운동을 하고 있다.

낯섦과 낯익음의 조화

K-콘텐츠 르네상스 시대가 온 듯하다. 그 위상이 '대박' 행진을 하고 있으며 방송가는 경매시장을 방불케 하고 있다. 방탄소년단 콘서트, 영화『기생충』에 이어 넷플릭스 드라마『오징어게임』,『지옥』에 이르기까지 세계를 강타하고 있다. 또한 세계문자올림픽대회에서는 우리 한글이 2년 연속 1위를 차지하고 있다. 국내 방송계에서는 지난해 미스트롯에 이어 미스터트롯 등 트로트 복고풍이 일면서 시청률 폭발을 이끌고 있다. 이렇듯 요즘은 낯섦도 익숙하게 다가오고 익숙함도 낯설게 다가온다.

곰곰이 생각해보면 참 묘한 일이다. 방탄소년단은 힘든 삶과 편견을 막아내면서 음악적 가치를 당당히 지키자는 의지로 시작이 되었고, 과거와 미래를 아우르는 개념으로 의미를 확장하였다. 그런데 노래 가사와 몸놀림에 대하여 '쉰세대'라고 일컫는 기성세대 대부분은 그 내용을 이해하지 못하고 있다.

올해 전 세계를 주목하게 한 넷플릭스 드라마『오징어 게임』은 어떤가. 기성세대들이 유·청년 시절에 즐겨하던 정서적으로 좋은 놀이문화였다. 어떻게 그토록 케케묵은 제재들을 도입하여 대본을 만들었으며, 반사회적인 성격의 사람들이 참여하여 치명적인 죽음을 전제로 게임을 하도록 기획하였을까. 그럼에도 불구하고 전 세계인에게 신선한 충격을 주었으며, 미국과 프랑스를 비롯한 세계각처에 '달고나' 가게 등 한류매장이 즐비하게 되었으니 놀라운 일이다. 그뿐인가. 국내적으로는 진부하고 촌스럽다고 여겨지던 트로트가 이제는 어린아이부터 노인에 이르기까지 애창하고 있다.

지금은 전 세계가 코로나 팬데믹으로 위기에 몰려 있다. 그래서 우리 사회는 모든 문화가 바뀌고 있다. 음식문화, 관혼상제, 놀이문화, 교육과 직장환경, 패션 등 일상생활의 양산이 달라지고 있다. 여기에 맞춰 문화적 가치관과 경제적 브랜드도 발빠르게 변하고 있다.

이쯤에서 문학에 대하여도 생각해 볼 일이다. 문학 창작물의 대부분은 시대적 산물이다. 14세기 때 조반니 보카치오는

『데카메론』을 썼고, 20세기 때 알베르 카뮈는 『페스트』를 써서 그 시대상을 전해주고 있다. 시대가 변할 때 또는 시대를 앞서가는 문예사조도 항상 변천하였다. 이 시점에서 문학인은 낯선 것은 낯익게 하고 낯익은 것은 낯설게 하여 새로운 패러다임을 만들어야 한다. 이제는 한국어가 세계적으로 낯설지 않으니 한국의 문학을 세계화시키는 일에도 적극적으로 추진해야 한다. 이를 위해 정부에서는 국제펜한국본부를 통해 한국문학의 세계화를 위한 정책지원이 필요하다.

제 3부

소리가 사그라질 때 이어지는 소리

신변의 잡다한 느낌으로 보이는 인포멀에세이 infomal essay를 많이 썼다. 그중에 가족에 대한 쓴 글을 몇 편 넣었다. 독자에게는 매우 미안한 마음이다. 그러나 100세가 넘은 어머니와 그 시어머니를 봉양하는 아내에 관한 글은 꼭 넣고 싶었다. 그래서 나는 푼수다.

소리가 사그라질 때 이어지는 소리

"어화워 어화워 어화넘차 어화워"
"북망산천 어이가리 아니 가지 못하리라"
"어화넘차 어화워" …….

만장을 앞세우고 큰 틀 상여가 운구되고 있다. 굴관제복屈冠制服 상주는 아이고, 아이고 슬피 울며 뒤따라간다. 가끔 상여가 멈출 때면 돈 봉투를 상여 앞에 놓고 절을 하면 상여는 다시 움직이며 험한 벼랑 위로 치솟아 올라간다.

"훗야휘이 우여싸, 훗야휘이 우여싸"

신이 난 왕벌이 상주가 내놓은 돈 봉투를 치켜들면 운상 꾼들은 젖 먹은 힘까지 다해서 산기슭을 거뜬히 올라 장지에 도착한다.

이제 덜구를 찧어야 한다. 묘봉 지중 막대기를 중심으로 장정 일여덟 명이 작대기 하나씩 들고 둘러서면 왕벌은 음률 조정을 시작한다.

"어허 덜구야, 덜구소리 나거들랑 쿵덕쿵덕 찧어주소"…….

다시 빠르게 진행된다.

"어허달개" …….

한 번은 우로 돌고 또 한 번은 좌로 돌고. 박자에 맞춰 묘봉을 다진다. 상주들이 다시 돈 봉투를 놓고 절을 하면 덜구 장단은 절정을 맞는다.

"이히용아, 이용소리 나거들랑 쿵덕쿵덕 찧어주소" …….

한 번은 오른발이 빠지고 또 한 번은 왼발이 빠지고, 한 번은 등을 맞대고 또 한 번은 앞을 보고. 덜구 막대기가 공중에서 모아지며 흥이 절정에 달하면 문상객들은 입을 다물지 못하고 어깨가 들썩들썩 발끝이 꿈틀꿈틀 거린다. 어이, 어이 하던 두건 상주도 신이 나서 도돔바 걸음을 한다.

"이히호, 에호호 에호호".

얼마 전 82세로 운명하신 아버지[仁同人 張炳文]의 장례식 장면이다. 아버지는 1917년 유가儒家에서 태어나 우리 현대사의 전환기를 살아오면서 고풍의 '마지막 소리' 그 자체였다. 진성이씨 송재파 참판 집 외손이며, 처가로는 청주정씨 지헌파 승화承華

를 맞이해 3남 1녀를 두었다. 반촌에서 태어났으나 가문이 기울면서 산촌으로 들어가 험난한 인생을 살게 되셨다. 원래 성품이 강직하면서도 대외적으로는 유화적이어서 주색잡기酒色雜技에도 능하셨다. 유림 출입에서부터 서민들의 놀이에도 선봉적인 위치에서 한평생을 보내온 이상향의 산실이었다. 또한 살아오신 그 지역도 태백산 줄기가 내리뻗다가 소백산으로 갈려지는 하늘 아래 첫 동네라고 할 만큼 고적한 곳이어서 삶 그 자체가 풍류였다고 볼 수 있다.

정월달이 되면 눈 덮인 산간 마을은 환하고 고요하다. 삽짝이 없어도 새벽 눈을 밟는 사람이 없다. 열나흘날 밤이면 온 동네가 서낭당에 모인다. 아버지는 제복을 갖추고 산신령께 제사를 올리면서 동민의 안녕과 풍년을 빌고, 각 사람의 소원을 담은 소지를 태워 올린다. 정월 대보름날이면 지신밟기를 한다. 아버지가 상쇠 꽹과리를 치면서 풍물놀이가 시작된다. 동민 모두가 예술인이 된다. 갖은 풍물이 모자랄 때는 세숫대야와 고지바가지도 풍물이 되고 소쿠리와 키도 소품이 되어 덮어쓰고 두들기며 흥을 돋운다. 상쇠 꽹과리를 선두로 긴장과 이완을 조절하면서 집집을 다니며 악귀를 쫓아내고 평온과 풍년을 빈다.

"지신 지신을 울리세. 어화 지신을 울리세"…….

캥두 캥두 캥두 케겡 소리에 맞춰 부엌, 마구간, 곡간이 꽉 꽉 차기를 기원한다. 농사철이면 못자리부터 벼 타작까지 소리에서 시작하여 소리로 끝난다. 나락 장 잎이 쑥쑥 뽑아 올리는 논매기 때는 방아소리가 더위를 식힌다.

"어허 방아야, 이 방아가 뉘 방안고"

"강태공의 조작방아"

"어허 방아야" …….

느리게 방아 노래를 하다가 신명나는 쾌지나 칭칭이 이어지면 점심밥을 이고 나오는 아낙네들도 엉덩이가 실룽실룽 거린다.

산골에는 화전을 일구는 일이 생계를 위한 개척이다. 깊은 산골에 벌채를 하여 불 질러 태운 후 개간을 한다. 괭이와 쟁기로 땅을 파 일궈 첫해는 삼베나 메밀을 갈고 이듬해부터는 감자, 콩, 옥수수 등을 심어 주식으로 대용했다. 밭을 일굴 때도 괭이 장단과 소몰이 장단으로, 풀베기와 나무를 할 때도 소리 장단에 맞추어 힘겨움을 이겨낸다.

많은 일 중에 산판(목재로 쓰기 위해 나무를 베는 일)과 목도(나무를 옮기거나 차에 싣는 작업)는 참 힘겹다. 큰 나무를 옮길 때는 여러 명의 호흡이 맞아야 한다. 여기에도 가락을 맞추어야 한다.

산촌에는 가을이 짧다. 고운 빛깔의 단풍도 한풍에 지고 마른 솔잎이 수북이 쌓여가는 적막한 겨울이 온다. 산간에는 유별나게 눈이 많이 왔다. 온 산이 눈 속에 갇혀 있다. 밤이면 가끔 들리는 살쾡이 소리와 부엉이 울음조차 정겹게 들린다. 이즈

음엔 카랑카랑한 아버지의 고담 소설 읽는 소리가 적막을 깨곤 했다.

한 시대와 다른 시대에 걸쳐진 인생을 소리와 함께 세상사를 달래시며 일과 여유를 즐기시던 아버지. 즐겨 입으시던 도포의 위엄과 멋스러움도, 노랫가락에 맞춰 희고 눈부시게 휘날리던 두루막 자락도, 이제 목조 조각 상여를 타고 소리와 함께 사라지고 또 한 소리로 이어지고 있다.
"이제 가면 언제 오나, 아니 가지 못 하리라"
"어화넘차 어화워" …….

어머니의 감기약

　봄의 중턱을 막 넘었는데도 여름을 방불케 하는 더위가 기승을 부리고 낮밤의 일교차가 심하여 감기 환자가 많은 것 같다.
　이곳 칠곡에 이사 온 지도 6개월이 지났으나 어머니는 좀처럼 적응이 안 되시는 모양이다. 경제적으로 어려운 환경보다 더 불편한 것은, 어머니 성향과는 전혀 맞지 않은 경로당 분위기였다. 대화 상대도 그렇고 몇몇 분들의 터줏대감이 이끌어 가는 놀이문화와 풍토가 그런 모양이다.
　어머니는 며칠째 경로당에 가시지 않고 집안에만 계시는데, 무척 쓸쓸해 하시는 것을 느꼈다. 나는 나름대로 할 일이 많다는 이유로 어머니와 함께하는 시간이 없이 내 일로 분주하였다. 그러던 어느 날 어머니는 감기몸살이 심해져서 자리에 누우신 것이다. 84세의 연세임에도 건강하셨는데……. 당황이 되어 어머니를 모시고 인근 병원에 가서 진료받고 주사와 약을 처방하였으나 감기몸살은 좀처럼 낫지 않으셨다.

청주 정씨淸州 鄭氏 매계梅溪 선생 후손인 어머니는 경북 봉화의 선비 집안에서 출생, 성장하여 우리 인동 장仁同 張 가문에 오셨다. 시어머니(진성 이씨 송재파)의 혹독한 시집살이를 견디며 기울어진 가문을 근근이 일으켜 세우는데 일생을 바치셨다. 어려운 일이 있을 때마다 성인들의 말씀을 묵상 또는 인용하면서, 유교의 덕목을 신앙처럼 지녀 오셨던 것이다.

자리에 누우신 어머니 곁에 조심스레 앉았다. 바쁘다는 이유로 어머니께 소홀히 한 점과 경제적 여건 때문에 주거환경과 경로당 환경이 좋지 않은 이곳에 모셔와 노후를 쓸쓸히 보내시는 어머니의 모습을 보니 안타깝고 죄송스러운 마음을 금할 길이 없었다. 지금 어머니는 일기 탓에 온 감기몸살 보다는 자신을 비춰볼 대상에 대한 시선을 둘 곳이 없어 무기력해진 것으로 느껴졌다.

나는 며칠 전 Y대학 수필창작반 수강생들과 다녀온 영양군 문학기행 이야기를 늘어놓았다. 두들 마을 재령 이씨 석계 이시명 선생의 부인 안동 장씨의 덕망과 그의 시詩, 화畵, 요리법전서 등을 소개하면서 정부인 장씨와 어머니의 공통점을 말씀 드렸다. 그리고 주실 마을의 한양 조씨 집성촌과 조지훈 시인 이야기 등을 한참 동안 해드렸다.

이윽고 자리에서 일어나시는 어머니는 내가 알고 있는 이야기보다 더 많은 역사와 야사까지 곁들여서 이야기를 하신다. 석계 선생의 장인 경당 선생과 그 스승의 학맥인 퇴계, 학봉, 서애, 한강 선생의 이야기, 그리고 당시 학파를 둘러싼 남인, 서인 등 붕당 내력과 이후 영·정조 때 탕평 정책에 이르기까지의 역사서를 펴 주시는 것이다.

그러는 가운데 어머니의 눈에는 힘이 생겼다. 얼마를 지났을까, 이야기가 지루하다는 느낌이 들 무렵 골목길 포터 차량에서 과일·채소 왔다는 마이크 소리가 들린다. 어머니는 얼른 나가서 콩나물을 사 와서 다듬고 계셨다.

연습 대상 아내는 지금도 연습 중

　내가 초임경찰관 시절에 체포 연행술을 익히면서 아내를 연습 대상으로 삼았다. 팔을 꺾고 수갑을 채우고 연행을 하였다. 새색시였던 아내는 아프다고 소리를 지르면서도 환하게 웃었다.

　근무를 마치고 귀가할 때마다 항상 나에게만 독상을 차려주면서 아내는 늘 밥을 먼저 먹었다고 했다. 오랜 시간이 지난 후에 알았다. 쌀이 없어 늘 굶었다는 사실을. 평생 가난뱅이 남편이 될 줄을 알았던 아내는 미리 위장 줄이는 연습을 해왔었다.

　중년에 들어 베테랑 형사라며 노상 외박을 일삼을 때 아내는 밤을 하얗게 보냈다. 와이셔츠에 묻은 립스틱도 피곤한 업무의 흔적으로 마음 아려했다. 일찍이 아내는 늘 혼자 사는 연습을 해왔다.

퇴직한 후 대학에서 문학 강의를 시작할 때 아내를 먼저 앉혀 놓고 연습했다. 늘 후한 추임새를 받으며 용기를 얻었다. 지금도 나는 문예지를 만들면서 문예운동을 하고 있다. 아내는 늘 고급 독자가 되는 연습을 한다.

아내는 축쳐진 어깨를 누르며 나의 와이셔츠를 다리고 있다. 흰 와이셔츠는 푸른 빛이 감돈다. 아내는 시어머니가 쓰는 타올로 샤워를 하고, 손자들 사진을 보며 씽긋 웃는다. 마당 가솥에서 빨래를 삶고, 텃밭에서 손자들한테 보내 줄 채소를 장만한다. 희끗한 머리 위로 석양이 내려앉는다. 언제나 힘없이 웃는 얼굴에 비치는 햇살이 엷다.

40년이 넘는 결혼 생활에도 아내는 아직도 연습 대상이며 연습 중이다.

아내가 늙고 있다

아내가 외출하고 돌아온다. 한 손에는 반찬거리를 담은 검정 비닐 봉지를 들고, 한 손에는 나뭇가지 몇 개를 들고 온다. 동네 어귀 느티나무에서 떨어진 마른 나뭇가지다. "이걸 뭐하러 들고 오노?"라고 물으니 씩 웃으며 "응, 아까워서"라고 한다.

마당 한쪽에는 솥이 걸려있다. 그 옆에는 여러 가지 나무들이 쌓여있다. 아내는 그 나무로 나물도 삶고 고기를 고우기도 한다. 불을 지피다가 눈이 마주치면 피식 웃는다. 얼굴에 검정이 묻어 있다. 그 검정을 볼 때마다 아내의 가슴에 묻어서 지워지지 않는 검정이 생각난다.

전원생활을 한 지가 벌써 4년째다. 텃밭에는 갖은 채소와 곡식이 자라고 있다. 아내는 부지런히 텃밭을 가꾸고 있다. 내가 늦잠에서 일어나 밖을 내다보면 아내는 벌써 텃밭에서 일을 하고 있다. 어디 텃밭일 뿐인가. 골목길을 훤하게 청소를 하고 있다. 이웃에는 모두 노인들만 있기에 이웃집 앞도 모두 쓸고 있다.

아내는 철 따라 채소를 바꿔가며 전원을 즐기고 있다. 어떨 때는 호미를 들고 밭을 매다가 뭔 생각을 하였는지 호미를 어딘가 두고 뒤란에 다녀온다. 금방 쓰던 호미가 없다며 찾느라 부산하다. 그렇게 하며 가꾼 채소와 곡식을 철 따라 아들 형제 집집에 택배로 보낸다.

아내가 욕실에서 목욕을 하고 있다. 100세 시어머니가 쓰던 낡은 샤워 타올을 같이 쓰고 있다. "등 밀어 줄까"하니 다 씻었다고 한다. 아내 등을 밀어준 지가 벌써 오래되었다. 어깨 죽지 뼈가 앙상하다.

아내는 휴대폰 카톡에 있는 손자들의 사진을 보며 혼자 웃는다. 그러다가 전화를 건다. 손자들을 돌아가며 목소리를 듣는다. 다음 주에는 손자 보러 가잔다. 잠시 후 아내는 티브이 리모콘을 쥔 채로 잠이 든다. 금방 손자와 통화를 해서인지 아직 입가에 미소가 남아 있다. 코 고는 소리에 눈이 시리다.

아내의 모습을 이렇게 관찰한 적이 있었던가? 신혼 시절이었다. 초임 순경 때 순찰을 돌다가 점심을 먹으러 집에 들어가면 아내는 따끈한 밥을 지어 주었다. 같이 먹자고 하면 자기는 벌써 먹었단다. 그렇게 믿고 나는 혼자 쓱 닦아 먹고 나가곤 했다. 나중에 알았다. 아내는 쌀이 없어 나와 아이만 먹이고 자기는 늘 굶고 있었던 것이다. 그러면서도 시부모나 시동생이 오면 고기 한 근이라고 꼭 사서 대접을 했었다.

나는 늘 바깥 생활만 하고 있다. 아내를 속이는 외출이나 외박도 있었다. 그러나 이제는 속이지 않고 자유롭게 외출하고 있다. 이제와서 아내의 얼굴과 가슴에 새겨진 내 모습을 보고 있다. 참 불쌍하다.

기도의 힘

거실과 주방 사이는 아내의 기도실이다. 그 자리에는 소반小盤이 있고 공책과 볼펜이 놓여있다. 소반 옆 작은 책꽂이에는 손때가 묻은 공책들이 빼곡하게 꽂혀있다. 나는 그 주위를 바라볼 때면 마음이 숙연해지며 범접하기를 주저한다. 때론 밤늦게까지 술을 마시고 들어설 때는 금줄이 치어진 느낌마저 들 때가 있다.

그곳에 있는 공책에는 아내의 기도문이 우주의 에너지와 연결되는 듯, 섬기는 신을 일 하시게 하는 역사가 일어나는 것을 느낀다.

오래전 일이다. 육군 제3사관학교 충성대교회에서 들은 김성은 전 국방장관의 신앙 간증이 생각난다. 6·25 전쟁 때 해병대 장교로 있었던 김성은은 여러 전투에서 승리하여 고속진급을 하였다. 그래서 일명 '귀신 잡는 해병대'라는 말이 생기게 되었고 장군으로 진급이 되어 해병대사령관에 이르게 되었다.

그때 김성은 장군은 고향을 방문하게 되어 별판이 붙은 지프를 타고 수행원을 대동하여 금의환향하였다. 마을에 들어서자 동네 사람들의 환영인파가 몰려나왔으나 뵈어야 할 어머니가 보이지 않았다. 연유를 알아본즉 동네 언덕에 있는 교회에 계신다고 하여 한걸음에 달려가니 어머니는 차가운 마룻바닥에 꿇어 앉아 기도하고 계셨던 것이다. 김 장군은 큰소리로 "어머님 제가 왔습니다. 대한민국의 장군이 되어 왔습니다."라며 다가갔으나 어머니는 요지부동이었다고 한다. 가까이 다가가 앉으니 어머니는 조용히 입을 열면서 "내 무릎을 보라"고 하시는 어머니의 무릎을 보는 순간 눈물을 떨구고 말았다고 한다. 어머니 무릎의 굳은살은 나무껍질같이 되어 있었던 것이었다. 전쟁터에 나간 아들을 위해 밤낮 교회에서 기도를 하였던 것이다. 김 장군은 자신의 빛나는 영광은 자신의 능력이 아니라 '기도의 힘'이었다고 깨달은 후 신앙생활을 하게 되었다고 간증하였다.

기도의 힘은 삶의 막힌 담을 허는 거대한 힘이요 변화와 회복을 가져온다. 언어의 주술은 창조적 속성이 있고 소통의 도구가 되는 것이다. 기도나 언어의 주술은 종교의 전유물이 아니고 우주가 인간에게 선사하는 아주 특별하고 소중한 선물이다. 수능시험이나 각종 시험 기간이 되면 종교단체뿐만 아니라 무속신앙인들까지 기도에 몰입하게 된다. 내가 누군가를 위해 간절히 기도 한다는 것은 삶에 있어서 가장 위대한 일이며 아름다운 순간이 되는 것이다.

몇 년간에 걸쳐진 아내의 기도는 두 아들의 대학 졸업과 진로를 위한 정성이었다. 나의 허영 때문에 빚어진 경제적 어려움을 해소하려고 힘든 일을 하고 있다. 아침에 출근하면 저녁 늦게 퇴근하는 아내는 늘 피로에 쌓여있다. 주방에서 저녁을 먹고 나면 바로 소반 앞에 앉아 원하는 기도문을 공책에 쓰고 있다. 볼펜으로 꼭꼭 눌러쓰면서 일만 번까지 세어갈 때, 써지는 글자들은 날개가 돋치고 푸른 숨결이 들려오는 것을 느낀다.

근간에 작은아들의 교사 임용고사와 큰아들의 입법고시가 모두 합격하여 공직에 임용되었다. 그런데도 아내의 기도는 이어지고 있다. 이번에는 어떤 기도의 제목일까.

새롭게 피어나는 향수

　오래전 아내와 늘 하던 말이 생각난다. "애들 학교 마치고 결혼시킨 후 농촌에 가서 전원주택을 지어 울타리에 줄 장미 심고, 텃밭에 과일나무와 채소를 가꾸며 살자"고 말했다. 그러나 좀처럼 도시를 떠나지 못하는 게 현실이다. 1990년대 사회 현상이다.

　대부분 사람은 농촌과 산촌을 떠나올 때 일에 골병이 들고 제대로 배우지 못한 한恨 때문에 자식들은 제대로 가르쳐야겠다는 생각에서 문전옥답을 버리다시피 하여 속속 고향을 떠나게 되어 도시 생활에 익숙해져 있다. 도시에 온 사람들 중에 더러는 시기를 잘 선택하여 농촌의 토지를 팔아 도시 근교에 땅을 사거나 집을 사두어서 졸부가 된 사람도 있는 반면에, 조상으로부터 물려받은 토지를 팔기 싫어 셋방 신세를 면치 못한 사람도 있다. 고향에 두고 온 토지는 팔리지도 않고 경작할 사람도 없어 후회하는 사람도 적지 않았으나 최근에 와서는 농촌의 토지를 구하기 또한 쉽지 않은 실정이고 보면 가치관을 속단할 수 없다.

도시에서 일찍 생활이 안정이 된 사람들은 고향을 다시 찾지 않겠다는 각오에서 부모님을 도시에 모셔 올 때 고풍적인 가재도구와 골동품을 귀신이 묻었다고 모조리 버리고, 부모님이 도시 생활에 적응하도록 길들이기까지 했으며 자녀들은 가공식품에 입맛을 맞추었다. 그런데 요즘에 와서는 무공해 식품을 구하려고 지역 특산품을 주문 구입하고 시내 골동품상에 가서 등잔, 호롱, 베틀, 북, 놋그릇, 다기세트, 자기류 등을 비싼 값에 구입하여 방과 거실을 치장하기도 한다.

농촌에는 일할 사람이 없고 아기의 울음소리도, 닭 우는 소리도 들리지 않는다. 초등학교는 폐교 또는 통합되었고, 지난날 가을 운동회 정취는 찾아볼 수 없고 풀베기나 나무하는 사람도 없어 오솔길도 없어졌으며, 주인 없는 숲만 한적하다. 봇도랑에는 물이 말라 있고 길섶에는 행락객들이 버린 빈 캔과 비닐이 뒹굴고 티슈가 나풀댄다.

몇 해 전까지는 명절을 도시에서 지내다가 농촌에서 지내다가, 양력설과 음력설 중에서 편한 대로 지내는 바람에 제사 때문에 왔다 갔다 하는 노인들이 안쓰럽게 보였으며 제삿밥 먹으려는 조상들도 여간 힘들지 않았을 것이다.

그러나 요즘에 와서는 도시 생활에 찌들린 사람들이 다시 농촌과 산촌을 속속 찾아들고 있다. 명절이면 많은 사람이 자가용에 제수용품과 선물 꾸러미를 싣고 가족과 함께 고향으로 간다. 여러 형제자매가 같이 자가용을 줄지어 가면서 서로 신호를 보내어 휴게소에서 가락국수를 사 먹어 가며 고향 마을에 도착하면 부모님들은 맨발로 뛰어나와 손자 손녀를 맞이한다. 얼마 전까지도 시어머니가 해주시는 음식이 비위생적이라며 먹기를 꺼려하던 며느리도 요즘 와서는 감자떡, 메밀묵, 배추전, 감주, 깻묵, 강정 등을 무공해 식품이라며 곧잘 먹는다.

저녁이면 동네 회관이나 어릴 적 안방처럼 들락거리던 친구 집에 모여 막걸리를 마시며 옛날 농사지을 때 고생하던 이야기를 하며 도시에서 성공한 얘기로 밤을 지새운다.

그리고 명절 연휴가 끝 날쯤이면 부모님이 농사지은 고추, 무말랭이, 엿기름, 메주콩, 산나물을 봉지봉지 나누어 차에 가득 싣고 간다. 이제 좀 여유가 있는 사람들은 고향에 별장을 짓고 주말에는 가족과 함께 찾아가기도 하고 도시에서는 고향 친구들과 향우회 모임도 활성화시키며, 씨족 간에는 족보 정비를 하는 가문도 많아지고 있다.

정부에서는 농어촌 정책을 심도 있게 추진하고 있다. 자칫 관광개발로 인해 인심이 좋은 곳에 투기성 조장이나 공해 확산이 우려되고 있으나 어쨌든 지역 간 균형 개발과 특산물 장려로 농가 소득이 높아지고 있다.

이제 새롭게 피어오르는 향수는 산업 사회에 옭매어 있는 우리들의 인간성을 회복시킬 것으로 믿는다.

전원생활을 시작하며

　전원생활을 하게 되었다. 여유롭게 즐길 수 있는 여건이 되어서 시작한 것은 아니다. 우연히 야외수업을 나왔을 때 이 동네가 마음에 들었던 것이 계기가 되었다. 이곳은 고대 삼한시대 때 이서국伊西國의 도성이다. 주변에는 고대문명 유적이 여기저기 있으며 동네에는 선비 정신이 시퍼런 자계서원紫溪書院이 있다. 앞에는 청도천이 흐르고 남산(도성의 앞산)을 바라볼 수 있어 기개를 펼칠만하다.

　봄물이 흐르고 있다. 이사를 온 후 두 번째 봄을 맞이한다. 지난해 봄에 이어서 고향을 심는다. 집 앞에는 조그마한 텃밭이 있고 오른쪽은 야산 벼랑이 있다. 욕심이 봇물 넘치듯 한다. 200평 대지에 향수를 모두 옮겨놓고 싶다. 집을 지을 당시에는 우측 벼랑에 대나무 숲과 감나무 몇 그루, 그리고 머위밭이 있었다. 그것도 감사하게 느끼면서 텃밭에 채소나 가꾸리라 생각했다. 그런데 첫해 봄을 맞으며 한 가지씩 심다 보니 심고 싶은 것이 너무 많아졌다. 이 작은 공간에 유년의 뜰과 청년기 때의 추억 실린 사계절을 모두 재현하고 싶었다.

내가 자란 곳은 산간오지였다. 태백산맥에서 소백산맥이 갈리는 지점으로 추운 곳의 대명사로 알려진 춘양이다. 그곳에서 유·청년기를 보냈다. 봄이면 진달래꽃을 따 먹고 찔레순과 송구(소나무 껍질), 산나물로 허기를 채웠다. 농사일에 몰두하면서 온갖 잡곡을 재배하였다. 곡식·채소의 종류마다 추억과 애환이 서려 있고 아버지와 어머니의 모습이 담겨 있다. 계절마다 피고 지는 예쁜 꽃들에 계집아이들의 모습이 담겨 있고 첫사랑 사연이 아리다.

지난해 봄에 향수를 실어 왔다. 고향 집 앞뒤로 있던 추자(호두)나무와 대추나무를 생각하며 묘목을 심었다. 객지 생활할 때 고향에 가면 해마다 무성하게 달리던 추자와 대추! 지금도 고향 집터 옆집에 사시는 친구 어머님이 해마다 추자를 따두었다가 보내오신다. 자두나무, 매실나무 그리고 앵두나무도 심었다. 첫사랑 그녀와 함께 산 넘어 교회에 다니며 따먹던 추억이 그립다. 보리수나무도 심었다. 풀베기를 하던 늦여름이면 빨

갛게 익은 보리수를 따 먹으며 배고픔을 달래었다.

집 울타리에는 남천과 피라칸사스를 심었다. 이 나무가 울타리에 있으면 집에 돈이 들어온다고 알려져 있다. 이제 돈도 좀 모으고 싶다. 부잣집 울타리에 있는 빨간 열매를 볼 때마다 부러웠지만 오래도록 도시생활을 하다 보니 그럴 기회가 없었다. 첫해 겨울을 나면서 울타리에 빨간 열매를 보며 '이제는 나도 가난에서 벗어볼 수 있겠구나'를 생각해 보았다.

여러 나무를 심다 보니 욕심이 커져서 이제는 고향의 산야까지 가져오고 싶어졌다. 그래서 올봄에는 잔 부덕 소나무 수십 그루를 가져와서 심었다. 그 사이에는 철쭉을 심고 산수유·오미자·구기자·오가피 등 약재까지 심었다. 굶주리고 고생하던 고향 산천이 싫어서 다시는 오지 않겠다며 떠나왔던 그 고향을 이 좁은 공간에 재현시키기에 이르렀다.

이곳에 오면서 '아름다운 불효'도 시작되었다. 텃밭에 온갖 곡식과 채소를 심었다. 어머니 연세가 올해 92세다. 해마다 기력이 쇠진해진다. 그래도 아직 정신은 총총하시니 다행이다. 고추·부추·파·상추·무·배추·들깨·호박·고지·가지·토란 등 갖은 채소를 심었다. 그리고 도라지, 참나물, 참취 등 산나물도 심었다. 고향에서 즐겨 먹던 채소를 종류별로 심었다. 그뿐인가. 감자·고구마·옥수수·수수·콩·팥 등 곡식도 심었다. 지난해 여름에는 문우들과 옥수수 파티를 몇 차례 하는 즐거움도 있었다.

어머니에게 그 채소나 곡식들이 좋게만 보일 리가 없다. 산골에 사실 때 몸서리칠 정도로 일하여 수확을 하면 아버지의 노름빚에 팔려 가는 게 일쑤였으니 모두가 아픔의 흔적이었다. 그뿐이 아니다. 쌀밥은 구경하기도 어려웠고 늘 감자와 옥수수로 주식을 삼았으니 보기조차 싫을 수도 있다. 나 역시 중년까지만 해도 고향에서 먹던 음식을 보면 몸서리치게 가난했던 시절을 생각하며 그 음식이 싫었던 것이다.

어머니는 매일 텃밭에서 시간을 보내신다. 풀을 매고 채소를 다듬으시고, 썰거나 삶아 널어 보관도 하신다. 곡식과 채소의 종류마다 아버지의 모습이 떠오르실 게다. 이제는 원망스런 생각보다는 그리움이 더 많을 것이다. 고향 사람들의 모습도 떠오를 것이며 흙에 대한 어제와 내일도 생각하실 것 같다. 한 가지 채소나 곡식, 그리고 과일을 접할 때마다 몇 가지의 옛날이야기가 서리서리 엮어진다. 나 역시 그렇다. 그 옛날 먹기 싫던 무청 씨랏국이 이제는 고깃국보다 더 맛있다.

화단을 가꾸는 일 또한 즐겁다. 추억에 서린 꽃들을 수없이 심었다. 봉숭화 꽃잎을 들여다보면 첫사랑 그녀의 얼굴이 겹쳐지고 작약이나 다알리아 꽃을 보면 앞집에 살던 처녀 얼굴이, 분꽃의 향기가 스치면 그 시절 세숫비누를 쓰던 이웃집 누나의 향기가 그립다.

추억이 왜 좋은가. 추억은 기억보다 쉽게 잊혀지지 않기 때문이다. 무엇보다 추억은 그 시절이 순수했기 때문일지도 모른다. 아내와 함께 가꾸는 텃밭에는 손자들이 와서 놀다 간다. 이 아이들에게는 그저 아름다운 정서의 추억만 남아주기를 바라는 마음이다.

싱그러운 오월이 왔다. 나름대로 이름 붙인 송암정사松巖亭舍에서 창밖을 내다보고 있다. 윤기 푸른 고향 산천이 거의 옮겨진 듯하다. 뿌듯한 마음으로 살펴보니 아직도 빈틈이 있어 보여 무엇인가 더 심고 싶다. 아니, 바람을 붙잡고 달빛까지 가둔들 만족하겠는가. 그래서 자세히 살펴보았다. 텃밭과 산벼랑이 온통 욕심으로 가득 차 있다.

멀리 남산을 바라본다. 저 산야의 경관과 향내를 다 가진들 누가 말릴 것인가. 정원의 아름다움보다 원시림의 시원함이 더 자유롭지 않을까. 이제 마음의 잡초부터 뽑아야겠다. 그리고 배고픈 시절의 초목과 곡식을 생각하며 새로운 땀을 흘리고 싶다. 휘청이는 대나무 끝을 아스라이 붙잡고 노래하는 뭇새들의 소리가 정겹다.

발표할 수 없는 소설의 첫 페이지를 보이며
― 봉화예술인상 시상식을 다녀와서

  2017 봉화예술인상을 수상하게 되어 고향을 다녀왔다.
  12월 8일 오후 2시, 대형버스를 대절하여 경산을 출발했다. 이날은 영남대학교 사회교육원 문학예술과정 경산반 수업이 있는 날이다. 수강생 모든 분의 배려로 수업 대신 시상식 참석을 '테마여행'이라는 이름을 붙여 함께 간 것이다. 대구를 지나면서 영남문학예술인협회 회원 몇 분을 더 태워서 가게 되었다. 날씨가 청명하긴 했으나 바람이 차고 꽤나 추웠다. 그럼에도 불구하고 곳곳에서 버스를 기다리며 동행하신 회원님들이 참 고마웠다. 특히 무거운 카메라와 장비를 메고 장시간 기다린 회원도 있었다.

환갑이 지나도록 많은 상을 받았다.

공직생활을 하면서 대통령 기장을 비롯하여 내무, 국방, 체육부장관의 기장과 경찰청장, 각 시도지사와 경찰국장의 표창을 36회나 받았다. 또한 국회의원, 군수 등 각 계층의 감사장도 수차례 받았다.

문학 활동을 하면서도 한국문인문학상 본상, 청하문학상 등 많은 상을 받았지만 이번처럼 감회가 깊은 적은 없었다. 대부분 상은 그저 그 일을 조금 잘하면 그렇게 받는 것이다. 그런데 이번에는 왜 큰 의미를 갖게 된 것일까. 아마도 내 삶이 발표할 수 없는 소설이었기 때문일 거다.

발표할 수 없는 소설!

이것이 나의 실상이다. 나는 봉화에서 태어나 유, 청년시절을 보냈다. 조부 때부터 집안이 쇠퇴해지면서 아버지는 산골 화전민이 되셨다. 대대로 지켜오던 와가와 문전옥답은 전설로만 들으면서 문수산과 옥돌봉 사이 하늘 한 뼘이 보이는 산중에서 자랐다.

초등학교 입학은 하였으나 학교를 다니지 못하고 집에서 일만 하였다. 그러다가 어거지로 졸업장은 받았다. 입학 동기와 졸업 동기는 달랐다. 동네 친구 말고는 나를 기억하는 동창이 없었다. 출석 일수가 3년이 채 못 되었기 때문이다.

11살 때 일이다. 동네 어른들과 같이 벌목을 하였다. 장작을 패서 팔아 양식을 구해야 했기 때문이다. 그러다가 산간수(영림서 직원)한테 들켜 호되게 당하였다. 그때 생각을 시로 썼다.

처음 시를 쓴 날

산간수*가 왔다.
"이 나무 누가 베어 왔노?"
"제제, 제가요."
"니가 우째 이렇게 큰 나무를 베어 올 수 있노? 그리고 저 산에 나무들은 누가 다 베었노?"
"내내, 내가 베베, 베었어요."

어린놈이 그 큰 나무들을 벌목할 수는 없을 거라 여긴 산간수는

"저 나무들을 벤 동네 사람들 이름을 대주면 니는 봐줄게, 어서 말해봐."
"내 호호호, 혼자 베었어요."
"니 몇 살이노?"
"옐한찰요."

"열한 살! 열한 찰 맞아야겠구나."

화가 난 산간수는 내 뺨을 몇 대 때리고 동네로 내려갔다.
마을 이장과 어른들이 닭을 잡아 산간수를 대접하고 무마하였다.

말더듬이였던 나는 말 한마디 할 때마다 발을 굴러야 말이 나왔다.
그럴 때마다 땅속 불덩이가 지구를 흔들었다.
어눌한 한마디 한마디가 모이면서 시의 싹이 텄다.

*산림청 산하 영림서 직원. 산림경찰

이 내용이 내가 처음 쓴 글이다. 문학이 무엇인지 알았다면 쓰지 못했을 거다.
이렇게 유년 시절을 보냈다. 형님은 맏아들이라 중학교와 고등학교를 보냈다. 나는 형님의 책을 읽으며 혼자 공부했다. 간혹 형님이 보던 세계문학전집도 몇 권 읽었으며 아버지가 읽으시던 고담 소설도 몇 권 읽었다. 아니 모두 외웠다. 그래서 머릿속으로 소설을 참 많이도 썼다. 그러는 가운데 나는 소설 속의 주인공이 되어 천하를 지배하는 영웅이 되기도 했고 주인공의 운명을 내 마음대로 고치며 생사여탈 권을 쥐고 있었다. 동네 친구들은 학교에 다니고 서당에서 한문 공부를 하였다. 나는 친구들의 천자문과 명심보감을 빌려 보면서 그냥 외웠다. 이것이 나의 학력이다.

지금 백두대간수목원이 있는 곳이 바로 나의 유년과 청년 시절을 보냈던 곳이다. 그 시절 나는 산림청에서 시행하는 녹화산업 현장 인부였다. 임산도로 길닦이, 산판, 조림, 풀베기 등 일을 하며 농사를 지었다. 농한기 때는 광산에 가서 지하 갱도에서 잡일을 하였다. 그 당시 심은 나무들이 춘양목 군락지로 지금 수목원의 중심 수종이 되고 있다. 벌써 50년이 되었다.

청년이 되어 군 복무로 방위근무를 하였다. 속칭 '똥 방위'라고 불리는 금색 완장을 차던 시절이었다. 나는 애써 '금 방위'라고 우겼다. 이렇게 국방의 의무까지 성실하게 채웠다. 그런데 문제가 생겼다. 오래전부터 아팠던 어깨와 허리가 너무 아파 일을 할 수가 없게 되었다. 11살부터 지게를 지고, 산판에서 목도를 하였으며, 광산에서 질통을 지면서 온몸에 골병이 들었기 때문이다.

1980년 3월 13일 중대 결심을 하였다.

도끼로 지게를 부수었다. 이제 다시는 지게를 지지 않을 거라며. 그 길로 봉화를 떠났다. 떠나던 길목 병목 거리에는 많은 시가 걸려있다.

　이렇게 고향 봉화를 떠나왔다. 그간 독학의 결실로 경찰공무원이 되어 민생치안은 물론 국가 보안과 정보 업무를 맡아 보았다. 이후 뜻이 있어 조기 퇴직을 한 후 대학 사회교육원 문학예술과정에서 강의를 하며 후학을 양성하고 있다. 일찍이 문예지 발행에 뜻을 두고 문예운동을 하면서 문학예술의 대중화와 문화 향수 보급에 주력하고 있다. 괄목할만한 것은 1,200여 명의 문하생을 양성하였으며 320명이나 되는 등단 작가를 배출하였다.
　그간 경남과 대구지역에서 생활하여 왔다. 공직생활 때도 그렇거니와 지금 문예활동에도 그렇다. 남들은 초, 중, 고, 대학의 학연과 지역 연고를 통한 인맥이 좋아 무슨 일을 하더라도 순조롭다. 그러나 나는 인맥하나 없이 그저 개척을 해야만 하는 고통의 연속이었다.
　이제 나이가 들면서 새로운 의미로 고향을 찾게 되었다. 모교에서 아이들에게 동시 창작 특강도 하며 동창회에 나가기도 한다. 초등학교 입학 동창 따로, 졸업 동창 따로다. 아는 얼굴 몇 안 되지만 참으로 정겹다.

봉화예술인상은 나에게 가장 큰 상으로 여겨진다. 지게를 부수고 떠나온 지 37년 만이다. 나에게 고향은 헐벗고 배고픔으로 아픔만 남아 있었다. 그런데, 세월이 흘러 어느 때부터는 그 서러운 이야기가 전설처럼 아련한 그리움으로 변하면서 아름다운 향수로 바뀌게 되었다.

이 아름다운 길에 동행하여 주신 영남문학 가족 여러분께 고개 숙여 감사드린다. 특히 수상의 영광을 안겨주신 한국예총 봉화지회장 정해수 시인께 감사드린다. 오늘따라 시상식장에 찾아왔던 초등학교 친구들의 모습이 더욱 고맙게 느껴진다.

사랑하는 은덕, 성덕에게

오늘 아빠는 모교 서벽초등학교에 특강을 하고 왔다. 특강, 별것 아닌 거지만 아빠로서는 의미가 참 컸단다. 아침 7시에 청도를 출발하여 안개 속을 달렸어. 평소 아빠를 많이 도와주고 있는 문우 두 분과 함께 나들이 겸 가벼운 마음으로 출발하였다.

늦가을이라 몸부림치는 단풍 속을 가르며 달려, 깊은 산골 작은 학교로 갔어. 오늘따라 날씨는 햇살이 쨍그랑거리며 쏟아지다 갑자기 어두운 구름이 덥히곤 하였지. 흡사 아빠의 마음과 같았단다.

아빠가 그 학교 다닐 때는 암흑 속이었어. 도시락 한 번 제대로 못 싸갔고, 출석률이 3분의 1이 채 안 되었지. 1학년에 입학하여 3학년 1학기 때 그만두고 집에서 일을 했었단다. 그 이듬해 3학년 2학기에 억지를 부려 다시 들어가 겨우 졸업했어. 그것이 아빠의 정규 학교로는 최초이자 마지막이었어. 그래서 아빠는 초등학교 입학 동기와 졸업 동기가 달라 동창도 제대로 없어. 그 후 독학으로 공무원이 되었고, 사회교육과정으로 대학 캠퍼스도 밟았지만 항상 눈물의 세월이었어. 그러나 지금 대학에서 당당하게 문학 강의를 하고 있잖아.

그래도 아빠는 참 복이 많은가 봐. 착하고 현명한 너의 엄마와 결혼하여 너희 두 형제를 낳았고 너희들을 통하여 두 딸도 얻었지. 너의 엄마 기도 덕분으로 은덕이는 아빠의 소원대로 서울대학교를 나와 우리나라 최고의 고시를 패스하여 국회에서 근무하고, 성덕이 역시 또 하나의 소원인 초등학교 교사로 일하고 있으니 이 어찌 뿌듯하지 않으랴!

아빠가 초등학교 2학년 때였어. 신발이 없어 맨발로 다녔지. 식목일 날 포플러나무 꺾꽂이 식목할 때 담임선생님(고 박희열 선생님)이 나를 데리고 가게에 가서 검정 고무신 한 켤레를 사 주셨어. 그 신은 사람들이 볼 때는 신고, 혼자 다닐 때는 들고 다녔었지. 너무 아까워서.
그때 아빠는 생각했어. "내가 나중에 훌륭한 사람이 되어서 어려운 사람을 도와주어야지"라며 다짐했어. 그리고 아빠는 나의 꿈과 희망을 미루나무 높은 꼭대기에 걸어두었지.

　　설레는 마음으로 학교 안에 들어서니 환경미화가 너무나 잘 되어 있더라. 전교생이 15명밖에 안 되는 이 학교는 폐교 위기에 있단다. 그래서 현재 교장으로 계시는 우동하 선생님은 학교의 존립을 위해 온갖 노력을 다하고 있는 모습이 역력하였어.
　　교장실에서 교장 선생님과 함께 차를 한잔 나누었어. 마침 오늘 오후에 교육 당국의 평가단이 와서 우수학교 선정을 결정하는 중요한 시점이었지. 아마 교장 선생님 마음은 평가를 잘 받아서 예산을 지원받아 내년도 신규 입학생을 유치하려는데 쏠려 있는 듯하였어. 그냥 적당히 해도 월급은 나올 텐데, 저토록 애쓰시는 모습을 보며 그래도 아직 각 곳에서 헌신적인 공직관을 가지고 있는 분들이 있다는 것을 생각할 때 우리 사회는 정말 살만한 세상이라고 생각해 봤단다.

　　오늘은 과분하게도 그 학교에 초대 특강 강사로 갔어. 우리 손자 같은 아이들이 나의 후배들이었어. 나는 선배로서, 또 출향 인사로서 강단에 섰지. '감개무량'이라는 말이 실감이 났어.
　　전래동요, 동요 시, 동시, 어린이 시를 읽으며 함께 노래를 부르고 율동을 하였어. 그간 세속에서 찌들고 상처 난 몸과 마음이었지만, 그 순간만은 내 영혼에 남은 가장 순결한 결정체를 꺼내어 즐거운 한 시간을 보냈어. 둘째 시간에는 동시 쓰기 시간이었어. 그 짧은 순간에 아이들이 써낸 동시를 보며 아빠는 부끄러움을 느꼈단다. 순수한 아이들의 순간적인 틈에서 솟아난 시어들을 보았어. 참으로 신선했어.

그간 아빠의 삶은 포부가 교만이었고, 겸손이 아부였으며, 지혜가 위선일 때도 많았어. 글을 쓸 때도 가슴으로 쓰기보다 머리로 썼지. 이제부터라도 이 아이들처럼 그런 글을 쓰고 싶단다.

오늘 아이들이 쓴 동시(어린이 시)를 시화로 제작하여 학교 복도에 게시하고 시상을 하기로 했어. 감동적인 오늘이 마냥 좋지만 않고 한쪽 편 무거운 마음이었어.

아담한 강의실, 해맑은 아이들! 오래전 아빠가 초등학교에 다닐 때와는 아주 다른 분위기였지. 흑백사진 같은 그때를 생각하면 아늑한 옛 추억, 그러나 그때도 역시 교정에 나무는 푸르렀고 우리들 마음 역시 푸른 동산이었어. 아마 이 아이들이 자라서 먼 훗날 오늘 이 자리가 역시 아련한 흑백사진으로 남겠지.

반짝이는 아이들의 시선을 생각하며 아빠는 고개를 돌렸어. 그리고 상쾌한 가을바람에 마음의 검불을 날리며 왔어. 오는 길에는 청량산 쪽으로 돌아오는데 곱게 익은 단풍이 참 아름답게 보이더라. 마지막으로 오늘의 소회를 '미루나무'라는 제목으로 시 한 편 쓴 것을 붙이며 이만 줄일게.

    유년의 뜰에 우뚝 솟은 미루나무
    쭉 뻗은 키를 보며 어깨를 높였고
    먼지 나는 신작로를 걸으며 마음을 넓혔지
    등굣길에는 저 높은 꼭대기에
    푸른 꿈을 걸어두었고
    빈 도시락 딸랑이는 허기진 하굣길에는
    희망의 등불을 걸어두었다.
    그대를 바라보며 따라나섰던 길
    환하게 웃다가
    주저앉아 울다가
    등졌던 고향을 찾아와도
    꿈의 보따리는 간곳없고
    등불마저 꺼져있었지.
    키가 커서 싱겁게 보였던 그대
    너그러워서 시원하던 그대
    모든 자리 다 양보하고
    추억의 뒤안길로 사라진 미루나무
    다시 찾은 고향의 신작로

다시 찾은 학교 운동장에서

은빛 이파리를 팔랑이며

구름 한 점 매단 채 향수를 흩고 있다.

호구조사 戶口調査

"새양반은 어디 사니껴?"

"물야 사니더"

"물야 어디요?"

"오록에 사니더"

"아이구 반갑니더, 우리 친정이 가평이시더."

"그러면 시방 어른이 청주정씨껴?"

"예, 돌아가신 우리 큰오라베가 정승옥鄭承玉씨고 김댕이에 살고 있는 작은 오라베가 정승문鄭承文씨 아이껴"

"아이고, 그 어른들은 큰 선비잖니껴"

"맞니더, 안동·봉화 유림에서 으뜸가는 선비셨니더"

"그러면 새양반은 성씨가 우예되니껴?"

"의성김가시더"

"아우구 참 양반이시더"

"의성김씨가 봉화에도 황전과 바래미에 큰 문중을 이루고 있잖니껴. 참 대단한 집안이시더. 그런데 우째 오록에 사니껴? 오록에는 풍산김씨가 많은데, 풍산김씨도 참 양반이 좋잖니껴"

"예, 우리도 옛날에는 황전에 살다가 할배 때부터 우연히 오록에서 살게 되었니더."

……

오래전 일이다. 어머니가 우리 고향 마실에 볼일 보러온 중년 남자와의 대화 내용이다. 어머니는 산중에 살면서 사람이 그리워 만나는 사람과 말문이 트이면 수많은 질문과 대화를 하셨다. 고향과 성씨를 묻는 것을 시작으로 자녀가 몇이며 어디에서 어떤 일을 하는지와 그 집안의 내력까지 다 알아내셨다. 즉, 호구조사를 면밀하게 하셨다. 어머니는 여행을 다닌 적도 없으나 지명과 지리에 밝으셨다. 좀 보태서 말하자면 앉아서 천리를 내다보신다. 또한 우리나라 대부분의 성씨와 집성촌을 다 알고 그와 관련된 스토리를 거침없이 구사하신다. 올해로 100세 생신을 지내신 어머니의 호구조사는 아직도 이어지고 있다.

1981년 내가 초임 경찰관 시절이었다. 그 당시에 일선 지·파출소에 외근근무 중 '호구조사' 임무가 있었다. 가구마다 방문하여 호구조사 카드에 기재된 양식에 따라 질문하고 현장 확인하여 기록하였다. 그 집의 규모, 재산, 가구, 가족 이동사항 등 총체적인 조사였다. 이는 정부에서 실시하는 인구·주택 센서스와는 달리 방범계도, 수배자 색출, 대공 업무, 민심 동향 파악 등 치안 행정에 필요한 모든 사항을 조사하였다. 이후 1990년대 들면서 인권과 사생활 침해라는 지적으로 없어지게 되었다.

이러한 호구조사는 삼국시대부터 징병, 부역, 과세 등을 위해 전수 조사를 하였으나 지금은 행정등록시스템자료를 이용하는 등록센서스로 표본조사만 현장 조사로 하고 있다.

나는 어릴 때부터 어머니의 영향으로 누구를 만나면 호구조사를 하였다. 그 원인은 산중에 살면서 제도권 공부를 못한 관계로 학연·지연·혈연 등의 인맥이 없어 늘 외로운 현실이었다. 그래서 사람들과 두터운 인간관계를 맺기 위하여 친근감 있게 다가서려는 의도로 그런 대화를 곧잘 한다. 지금도 문하생을 비롯하여 주변에 있는 사람들과 대화할 때면 옆에 있는 가까운 사람이 한마디 거든다.

"우리 교수님 또 호구조사를 하시는군요."라며 웃는다.

소원은 이루어지는데

이제 그럴듯하다. 배도 불룩하게 나와서 넉넉함이 묻어나는 사장님 스타일이다. 돋보기안경을 상의 주머니에 꽂고 다니면서 쓰고 벗기를 하니 지식인처럼 보인다. 이마가 대머리는 아니지만 제법 훤하고 번들거리니 꽤나 높은 계급층처럼 보인다.

어릴 때부터 염원했던 세 가지가 그런대로 이뤄진 듯한데도 뭔가 허전하다.

소년 시절부터 세 가지 소원을 품고 있었다. 첫째로 돈 많은 사장처럼 똥배가 불룩하게 나오는 것이었다. 봉화 산중에서 태어나 지독하게 가난한 가운데 성장하였기에 그 염원은 간절하였다. 초등학교 시절 도시락은 아예 싸가지를 못했다. 허기를 메우기 위하여 찔레 순을 꺾어 먹고, 송기松肌를 벗겨 먹었으며 술도가에서 나오는 술지게미를 얻어먹으며 허기를 달랬었다. 그럴 때 배가 불룩하게 나온 양조장 사장이나 목재소 사장은 부러움의 대상이었다. 그래서 나도 나중에 돈 많은 사장처럼 배가 불룩하게 나오는 꿈을 가졌었다.

두 번째 소원은 지식인처럼 안경을 끼고 싶었다. 가끔 부임하는 여선생님은 안경을 끼고 미니스커트를 입은 세련미 넘치는 모습이었다. 또 어쩌다 볼 수 있는 의사와 고위공무원들이 안경 너머로 바라보거나 안경을 만지작거리는 폼이 참 멋있어 보였다. 그래서 나도 안경을 끼는 지식인이 되고 싶었다.

세 번째 소원은 이마가 훌떡 벗겨져 번들거리는 것이었다. 그 옛날 담벼락 선거 벽보에 붙어 있는 국회의원 후보자나 달력에 있는 국회의원 모습은 대부분 이마가 훤했다. 또 지역에서 볼 수 있는 군수, 경찰서장, 학교 교장들은 이마가 훤한 대머리가 많았다. 그래서 나도 어른이 될 때 이마가 훌러덩 벗어진 높은 지위에 있는 인물이 되고 싶었다.

세상은 변하였다. 나이 60세를 전후하여 나의 소원은 거의 이루어졌다. 그런데 모든 사람은 이것을 피하고 있다. 배가 나오지 않기 위하여 식사량을 줄이고 갖은 운동을 하고 있다. 안경을 끼지 않기 위해서 건강식품을 먹고 시력 보호 운동을 하고 있다. 또 탈모 방지를 위한 온갖 약품이 개발되고, 나풀거리는 몇 가닥 머리카락을 보호하느라 갖은 노력을 하고 있다. 그럼에도 불구하고 나의 그 염원은 아직도 진행 중이다.

    채워지고 있는 나를 본다. 배를 한 번씩 툭툭 두들겨 보며 든든하다는 듯 자부심을 갖기도 하며 빙긋이 웃는다. 안경테의 색상을 골라 마음에 들면 만지작거리며 거울을 보면서 폼을 잡기도 한다. 그리고 이마를 한 번씩 쓸어 올리면서 흐뭇해한다.
    이제 환갑 진갑 다 지나고 나서 언뜻언뜻 비치는 또 다른 나를 만난다. 공직생활을 할 때 공짜로 먹은 밥, 문학을 한답시고 객기로 퍼마시던 술, 창작 교실 문하생을 비롯하여 회원들과 분위기 조성을 한다며 먹은 술배가 남산만하다. 그렇다면 돈이라도 있어야 사장 같은 삶이 될 텐데 이 나이가 되어도 돈이 없어 늘 구설수에 말리고 있다. 나름대로 연구하여 교재를 펴고 교단에서 안경을 썼다 벗었다 하며 남을 가르치는 선생이라고는 하나 독학으로 얻은 지식은 참으로 알량하다. 전문가의 흉내는 내고 있으나 겉핥기에 불과하니 어찌 지식인일 수 있겠는가. 이마는 훤하나 정력이 센 남성과는 거리가 멀고, 남 앞에 선 문예단체의 지도자이긴 하나 정치력이 있는 것도 아니며 어느 정점에 선 것도 아니니 훌륭한 인물과는 거리가 멀다.

아직 늦지 않았다. 욕심의 거품과 함께 부풀어 있는 배를 청소하고 싶다. 돈을 채워 불룩해진 사장님의 배는 되지 못할지라도 자부심을 가질 만한 풍만한 인격의 배는 만들 수가 있지 않겠는가. 기왕 안경을 끼고 있으니 사물 너머의 사물을 보며, 생각 너머의 세상을 볼 줄 알고, 문장 너머의 문장을 가져다 쓸 수 있었으면 좋겠다. 그리고 욕망의 넓은 이마를 새롭게 디자인하고 싶다. 소박한 꿈들이 결실로 빚어지면서 생기는 그 주름이 '어른의 모습'이라는 훈장을 달고 싶다. 이 역시 욕심이 되지 않도록.

제 4 부

각화사 귀부龜趺 앞에서

소재를 통하여 나를 발견하고 자아 성찰하는 가운데 외향성外向性의 글을 몇 편 실었다. 또 경찰공무원 시절 체험담을 쓴 많은 글 가운데 시대성과 역사성이 있는 두어 편을 넣었다. 필자가 문예운동을 하는 것도 문학의 저변확대와 좋은 정서 함양도 중요하지만, 사회상규와 가치관이 바로 서는 사회를 염원하기 때문이다.

각화사 귀부龜趺 앞에서

침묵이 흐른다. 햇빛에 익은 역사와 달빛에 젖은 야사의 흔적에 경건함이 느껴진다. 앞뒤로 두 개의 발과 네 개의 발가락으로 전진하려는 자세를 취하고 있다. 천년 세월 동안 누군가의 위업과 공덕을 새긴 비석을 짊어지고 묵묵히 자리를 지키고 있다.

나는 한동안 귀부를 바라보고 있다. 무언가를 짊어진다는 것의 의미를 되새겨보았다. 이는 단지 비석을 떠받치는 조형물이 아니라 무게 있는 삶과 기억을 감당하는 상징이라 여겼다. 자신은 이름도 남기지 않은 채 누군가의 기록을 묵묵히 떠받치는 존재, 그러나 이제는 그 자신만이 남아 말없이 시간을 증명하고 있다. 문득 우리 삶도 이 귀부와 닮아있지 않을까. 찬란한 비석은 잠시 사람들의 눈길을 끌지만 결국 남은 것은 그 비석을 떠받쳤던 이름 없는 무게들이다. 그들은 조용하고 겸손하며 스스로를 드러내지 않는다.

　돌거북은 말이 없다. 그 침묵 속에서 나는 오히려 더 깊은 울림을 들었다. 사라진 비석보다 남은 받침돌이 더 많은 것을 말해준다는 사실. 세대가 바뀌고 세상이 달라져도 본질은 사라지지 않는다. 그 본질은 바로 겸허함과 인내 그리고 묵묵한 헌신이다. 우리는 가정에서, 일터에서, 또는 한 시대의 뒤안길에서 묵묵히 자신만의 무게를 짊어지고 살아가는 사람들이다.

　각화사는 내 고향 봉화 춘양에 있는 천삼백 년 된 고찰이다. 태백산 기슭에 있는 각화사覺華寺의 '각'은 깨달음, '화'는 찬란하게 빛난다는 의미이며, 태백太白의 '태'는 불교의 '마하'와 같은 크고 위대함, '백'은 해 일日에서 변화된 한자로 커다란 빛이다. 각화사는 비로자나불을 모시는 대적광전과 같이 위대한 깨달음이 찬란하게 비추는 곳이라는 뜻이다. 이 절은 '춘양목'이라는 질 좋은 소나무가 울창한 깊은 산속에 자리 잡고 있는데 의성 고운사의 말사다. 아주 오래전 지금의 춘양면 서동리 춘양상업고등학교 교정 자리에 남화사라는 절이 있었는데 서기 686년(신라 문무왕 6년)경에 원효대사가 이곳으로 이건하여 남화사를 생각한다는 뜻으로 각화사라 명명했다고 한다.

　각화사 귀부龜趺는 경상북도유형문화재 제189호로 지정되어 있다. 이 귀부는 고려 전기의 문신 김심언(金審言: 신라 경순왕의 넷째

아들 김은설의 4세손이다)이 세운 통진대사비通眞大師碑의 일부로 알려져 있다. 거북이 등 중앙에 마련된 비좌는 파손되긴 하였으나 거의 본래의 모습을 갖추고 있으며 등에는 육각형이 전면에 덮여 있고, 그 안에는 '왕王'자와 '만卍'자를 새겨 통진대사가 왕사. 국사였음을 암시하고 있다. 바닥 돌과 하나의 돌로 이루어져 있으며, 등 무늬는 6각형이 전면에 덮혀 있고 육각형의 무늬에는 왕자와 불자가 도드라지게 새겨져 있다. 아마도 이 사찰이 태백산 사고를 외호外護하는 곳이어서 일 것이다.

　이곳은 태백산사고지太白山史庫址로 유명하다. 산은 모든 것을 기억한다. 수천 겹의 계절이 지나가도 나무는 그 자리에 서 있고 바위는 말을 아낀 채 그날의 숨결을 간직한다. 깊은 산중 사람의 발길이 드문 숲길을 따라 걷다 보면 조용히 숨을 죽인 채 존재하는 한 자리가 있다. 각화사 사고지다. 조선의 역사를 품고 있던 그 자리는 이제 바람과 햇살에만 말을 건 낼 뿐이다. 그것은 조선이 남긴 가장 신중한 기록의 공간이었다. 나라의 정사 곧 조선왕조실록을 보관하기 위한 사고는 마치 인간의 기억처럼 소중히 여겨졌다.
　조선은 무려 네 곳에 사고를 두었다. 전쟁, 화재, 혹은 세월의 침식 앞에서도 기록을 지켜내기 위함이었다. 이제 그날의 기록은 사라졌지만, 그 기록을 지키려는 마음은 남아있다. 나는 사고지를 마주하며 묘한 감정에 휩싸였다. 기록은 사라졌고 건물도 더 이상 남아있지 않지만 그곳에는 잊히지 않는 기억의 기운이 서려있다. 바람이 가지를 스치고 발밑의 낙엽이 바스락거릴 때마다 마치 오래전 필사하던 사관들의 대화가 들려오는 듯했다. 한때 그곳에는 붓과 먹이 숨결처럼 조용히 움직이며 실록을 보존하던 사람들이 있었다 그들은 세상에 나서지 않았고 권력의 중심에도 없었지만, 역사를 지켜낸 이들이었다. 하지만 지금은 그 이름조차 낯설어진 각화사 사고지 그 무명의 터는 더욱 숭고해 보였다.

시간은 많은 것을 덮어버린다. 그러나 그 위에 다시 피어나는 사유는 오히려 과거보다 더 선명하다. 우리는 무엇을 잊고 살아가고 있는가. 역사의 무게 기록의 의미 그리고 그 기록을 지키기 위한 숭고한 노력들을 기억하는가.

다시 귀부龜趺를 바라본다. 침묵의 언어들이 조용히 흘러나온다. 산은 아무 말이 없다. 그러나 오래된 돌은 말을 한다. 각화사의 고요한 뒤뜰, 그곳에 한 마리 돌거북이 천천히 숨을 쉰다. 비문은 사라지고 머리 위 하늘만 남았지만 그 등껍질의 갈라진 금 사이로 시간이 피어난다. 그는 누구를 떠받쳤던가. 어떤 이름을, 어떤 공덕을 묵묵히 짊어지고 있었는가. 지금은 아무도 묻지 않는다. 그러나 그는 여전히 거기 있다. 무너지지 않고 말이다.

그의 침묵은 순종이지만 때론 저항이다. 떠난 것을 붙잡는 손짓이며 기억하겠다는 다짐이다. 바람이 불면 돌 등 위로 지나간 역사들이 모래처럼 흩날린다. 나는 그 앞에 무릎을 꿇고 그의 미세한 언어를 듣는다. 말이 없기에 더 많은 것을 말하는 존재, 지워졌기에 오히려 더 깊이 새겨진 것들이다. 그 귀부의 침묵 속에 나는 잊혀진 나의 무게를 조용히 얹어본다.

서호西湖에서 소동파를 만나며

　서호 입구에 서서 소동파[蘇軾]의 동상을 바라보고 있다. 상념에 잠겨있는 선생은 빙긋이 웃고 있다. 왼쪽 손은 뒷짐을 진 채 고개를 젖히고 먼 산을 바라보는 그의 입에서는 명언들이 쏟아져 나오는 것 같다.
　물은 흘러가지만 가버린 것이 아니고 지금도 흘러가듯 자연은 돌고 도는데 인간은 한 번 가면 왜 다시 못 오는가. 인생은 유한하며 탐욕은 부질없다. 사람들은 찰나와 같은 삶을 두고 '내 것'이라는 경계를 긋고 그 소유욕에 허덕이고 있다.
　선생의 시어들이 떠오른다. '저 넓은 호수 위에 맑은 바람은 소리가 되고 산간의 밝은 달은 빛을 이루어서 너와 내가 다 가진들 금할 일 없고 줄어듦이 없으니 함께 실컷 누리자'며 물아

일체物我一體를 가르치는 것 같았다.

중국 항주에 있는 서호는 거대한 호수다. 이 호수는 당나라 때 백거이白居易가 제방을 보수하였고, 송나라 때 소동파가 항주 지사로 부임하여 확장공사를 하였다. 소동파는 농민들이 가뭄으로 곤고한 것을 보고 호수 바닥에 진흙을 모두 파내어 거대한 호수를 조성하였다. 그래서 일대 유역은 기름진 옥토가 되었으며 사시사철 경관이 수려하다. 봄날 새벽 경치는 절정이며 모란꽃을 보며 용정차를 마시는 운치는 신선이 되는 기분이다.

호수 안에 있는 호수 호심정은 명나라 때 수필가 장대張岱의 '호심정간설湖心亭 看雪'이 연상되고 있다. 호수 일대가 얼마나 방대하였으면 나룻배가 겨자씨만 하고 사람이 좁쌀만 하다고 비유하였겠나 싶다. 나는 평소에 이 수필을 읽으면서 어리석을 치癡에 대하여 많은 생각을 했던 적이 있다. 오늘도 펼쳐진 이 장관을 보면서 성찰의 시간을 가져본다. 주변 일대에는 단교잔설, 평호 추월, 목단원 등 서호10경을 비롯하여 명소가 많다. 소동파는 당시 정치인이면서 문인이었다. 그는 필화筆禍사건으로 적벽에 귀양을 갔으며 그곳에서 지은 「적벽가」 또한 유명하다.

천년의 세월이 지나가고 있어도 선생의 문향과 가르침은 변함이 없다. 인생이란 부침浮沈이 있게 마련이다. 일이 잘 풀린다고 거드름 피울 일도 아니고, 절망의 늪에 빠졌다고 포기할 일도 아닌 것 같다. 세계적인 명저들을 보면 대부분이 절망의 늪에서도 자신과의 싸움에서 이겨낸 인간승리의 기록이다.

요즘 우리 사회는 온통 자극적인 말들이 무성하다. 대공황으로 실업자는 늘고 남북문제와 정치 현실 등이 모두 불안 요소들이다. 그래서 가까운 사람 간에도 사소한 말에 상처가 되어 불목하게 되고 풍류를 즐기며 술잔을 기울이는 것도 눈치를 보게 된다. 가진 자와 못 가진 자의 격차는 더욱 커지면서 인정이 메마르고 있다.

나 역시 최근 들어 주변에 있는 가까운 사람과의 갈등을 겪고 있다. 내가 운영하고 있는 단체 구성원 중에서 일부 사람들이 반기를 든 것이다. 운영방안에 대하여 의견이 양립되면서 서로 한 치의 양보 없이 격앙되어 있다. 사소한 감정의 불씨도 휘적거리면 커지기 마련이다. 누구의 잘못을 가리기 전에 내분이 일어났다는 그 자체만으로 단체의 장인 내가 져야 할 짐이다. 그렇게 좋아하던 술도 마시고 싶지 않다. 입 안 가득 쓴맛이 돌고 매사 의욕이 없어졌다. 표정이 굳은 느낌이 있어 거울을 보면서 웃는 연습을 하여도 다시 굳어진다. 서로 자기의 입장에서 생각하면 상대가 원망스럽거나 미워지게 된다. 그러나 한걸음 물러서서 생각하면 자성을 할 수가 있지 않겠나 생각해

본다.

　이번 여행은 참으로 잘 온 것 같다. 마음을 달래기 위해 온 것은 아니었다. 지인이 경영하고 있는 산학연구소의 초청으로 연구원들과 함께 경영에 필요한 견문을 얻기 위해서였다.

　먼 산을 바라보고 있는 소동파는 나에게 눈길을 맞추지 않고 빙긋이 웃고만 있다. 그 웃음은 유한한 인생이 부질없는 탐욕 속에서 허우적거리고 있다며 한심하여 웃는 것일까. 아니면 고진감래苦盡甘來의 마음으로 인내하라는 격려일까? 어떤 의미가 담겨 있던지 마음의 선택은 결국 내가 해야 할 몫이다.
　저 자연의 풍광과 소리와 향기를 다 가진들 금할 일 없고 줄어들 일 없을 테다. 변하는 데서 보면 천지도 한순간이고, 변하지 않는 데서 보면 내가 다 갖지 못할 터니 무엇을 부러워하고 욕심을 낼까.

달개비꽃

누가 저 꽃을 '짧은 즐거움'이라 하는가. 그 강한 생명력을!
여름의 뜨거운 햇살 아래 호미에 찢기면서도 자줏빛 수정 같은 꽃을 피워내는 달개비꽃을.
삼정골 산책길에서 이슬에 젖어 애처롭게 반짝이는 달개비꽃을 보고 있다. 한순간 피었다가 지는 짧은 순간에도 많은 사랑을 안고 있는 별 무리로 보인다. 그 작은 꽃잎에 묻어있는 눈물은 억눌림 받고 있는 민중의 눈물을 대신 받는 듯하며 새로운 생명을 피워내려는 소박하고 낯선 언어의 향연으로 느껴진다.

나는 어릴 적에 산촌에서 농사를 지었다. 산전을 일구어 첫해는 주로 삼베나 메밀을 갈았으며 이듬해부터는 감자, 강냉이,

콩, 팥, 조와 고랭지 채소를 재배하였다. 비료가 귀하던 시절이라 화전火田을 일구어 속칭 '생땅'에는 3년 정도까지는 농사가 잘되었다. 화전이란, 산에 있는 풀과 나무를 베어 말린 후 불을 질러 태우게 되면 땅이 물러지고 거름기가 많아 농사가 잘되는 토지를 말한다. 이러한 화전도 몇 해가 지나면 곡식이 덜 되고 잡초가 무성하게 된다. 가장 많은 잡초로서 바랭이와 달개비이다. 삼사월에 파종한 후 오뉴월부터 초가을까지 밭매기가 너무 힘겹다. 밭을 맬 때 호미로 잡초를 뽑아 밭고랑에 놓으면 다른 잡초는 이내 죽어버리는데 유독 달개비는 죽지 않는다. 달개비의 마디마디에 연한 실뿌리를 내리면서 되살아나는 것이다. 달개비는 호미로 쪼아서 바위에 걸쳐놓아도 가마를 타고 가는 형세를 하고 나무에 걸쳐놔도 그네를 타는 형상이다. 그때는 달개비가 그렇게 미울 수가 없었다.

청년 시절부터 경찰공무원이 되어 국가안보와 사회안녕이라는 임무를 수행하게 되었다. 오뉴월이 되면 연례행사처럼 청년학생과 노동자, 재야인사들의 시위가 발발한다. 그때마다 시위 현장에서 데모 진압을 하였고, 첩보 수집을 하면서 그들을 원망스럽게 생각하였다. 그때까지만 하여도 나의 갇힌 고정관념은 보수적인 편향이었다. 유월의 뜨거운 햇살 아래 투쟁하고 있는 청년학생과 재야인사들은 달개비처럼 지독하다고만 생각하였다.

　세월이 그저 흘러가는 것은 아니었다. 나이가 들면서 역사를 되새기며 세상을 보는 시각이 달라지기 시작하였다. 그간 삶의 모습을 성찰하고 자연의 이치와 인간 문제를 들여다보게 되었다. 6월 항쟁이 일어나고 사회 분위기는 커다란 변화를 가져왔다. 잡초라는 달개비가 야생초 애호가들의 보호를 받게 되지 않았는가. 나 역시 자연이 알려주는 우주의 원리를 깨닫는 눈과 귀가 열리게 되었다. 몇 차례의 정치적 지도자가 바뀌면서 억눌리고 찢겨 진 상처들이 아물어가고 사회현상이 자연의 이치로 돌아가고 있다.

　달개비꽃을 들여다보니 그 속에 나의 모습도 비치고 있다. 산중에서 보낸 고단한 청년 시절이 떠오른다. 동년배들이 학교 다닐 때 나는 농사일과 광부, 나무장수를 하며 형과 동생의 학비를 대며 허덕이었다. 독학으로 공무원 시험에 합격하기까지 지독한 고난이었다. 동료 공무원과 상사들은 학연으로 뭉쳐 여유를 보낼 때 나는 늦은 나이에 외롭게 대학 캠퍼스를 드나들었다.

　그 힘겨웠던 공무원 생활을 그만두고 청년 시절부터 염원해 오던 문학과 함께 살아가고 있다. 이제 내가 그렇게 미워했던 달개비의 존재를 의미해보고 새로운 이름을 붙여보아야겠다.

달개비는 한방에서 유용한 약재로도 쓰이고 있다. 흔하디흔한 들풀이지만 우리 사회에 필요한 뜻을 전하려 낮은 곳에 내려온 생명의 전도사로 보인다. 장닭의 벼슬처럼 생긴 꽃이 홰를 치며 새로운 새벽을 열고 있는 듯하다.

작약꽃

작약꽃의 순정은 해마다 붉게 피어오른다. 유월에 점화하는 불꽃은 생의 절정을 구가謳歌하고 있다. 무성한 잎 새를 흔들며 화려한 속살을 보일 때면 나는 그 속에 갇히고 싶다. 그 속은 긍정의 힘이 있고 갇힘과 풀림의 미학이 있다.

오뉴월이 되면 모란이 지기 전에 작약이 이어서 핀다.
시골집 담 밑에나 산천에 피어있는 작약 꽃을 보면 치정癡情도 두렵지 않다는 생각이 든다. 그 자태를 보노라면 연인에 대한 간절한 그리움이 있고, 중정中正의 품격과 상호보완의 겸양이 있다. 무엇보다 뜨거운 의지와 기도의 힘을 얻게 되어 인간사의 시름을 달랠 수도 있다.

작약꽃은 사랑과 절개의 여신이라고 한다. 옛날 '파에온'이라는 공주가 이웃 나라 왕자와 뜨거운 사랑을 하였다. 그 왕자가 전쟁터에 가게 되었고, 결국 돌아오지 못하고 죽었다는 소식을 듣게 된다. 공주는 슬퍼하며 왕자가 죽었다는 이국땅에 찾아가게 되었는데, 왕자는 공주를 그리워하다가 죽어 모란꽃이 되었다는 것을 알게 된다. 공주는 모란꽃 앞에서 왕자의 곁에 있어 달라고 간절하게 기도하므로 마침내 하늘이 감동하여 작약꽃으로 변하게 되었다는 이야기가 있다.

기도의 힘은 오늘의 불협화음도 내일의 협화음으로 만든다. 어떠한 난관도 헤쳐 나갈 수 있게 하며 변화와 회복을 가져온다. 기도는 삶의 막힌 담을 허는 거대한 힘이고, 마음의 문도 열 수 있는 열쇠가 되는 것이다. 결국 우주 안에 있는 모든 에너지와 연결이 되어있기 때문이다.

작약꽃은 화려하고 단아하다.

중정의 인품을 지닌 미인 같기도 하다. 이른 봄에 성급하게 피는 매화나 늦가을에 피는 국화와 달리 계절의 여왕처럼 피어난다. 그러나 꽃잎을 오래 달고 있지 않고 벌들에게 몸을 내맡기고는 이내 지고 만다. 수줍음인 듯, 겸양인 듯 화려함을 감추고 뿌리를 튼실하게 한다.

작약은 뿌리와 잎과 꽃이 상호보완적으로 상생한다. 겨우내

저장된 영양분으로 흙을 떠받으며 붉은 순을 내뿜는다. 연한 순은 식용으로 쓰이고 꽃은 관상용으로, 뿌리는 약용으로 쓰인다. 그래서 어느 쪽에 치우침이 없이 삼위일체를 이루고 있다.

 그간 나의 모습은 모란 같기도 하고 작약 같기도 하였다. 때론, 쑥부쟁이나 구절초의 모습도 되었고 억새와 갈대처럼 구분이 잘 안되는 삶이기도 했다. 이제 작약 꽃이 필 때마다 '유월의 성'에 갇히고 싶다. 그냥 바라만 보기엔 민망스러워서이다. 어쩔 수 없이 터지는 그 꽃대궁 속에 빨려 들어가 내 속에 치미는 정열을 뿜어내고 싶다.

명함名銜과 명암明暗

오래도록 명함이 없다. 가끔씩 만나는 사람으로부터 명함을 받으면 나의 명함을 건네는 것이 예의인데 나는 상대가 원하는 명함이 아니고 내가 하는 일에 대한 짙은 색깔의 영업 메모지를 건넬 수밖에 없다.

과거 나의 명함은 두 가지가 있었다. 하나는 '자신의 가치와 vision을 마음에 품어 현실로 나타나게 한 원판 인생'이었던 경찰공무원의 명함이었고, 또 하나는 '좋은 패를 가졌다고 하고 싶은 일을 하기 위해 해야 할 일을 등지고 복사판 인생'의 명함을 가졌다. 그것이 문학과 정치활동인데 자신의 모습을 보지 못하고 동분서주東奔西走하며 식소사변食少事煩하여 소득 없이 바쁘게 지내다가 결국 모든 명함을 잃은 것이었다.

어느 철학자의 수학논리(곱셈의 진리)가 생각난다.

나의 값이 숫자 1일 경우라도 그것을 1억에다 걸면 1억이 되나 나의 값이 1억이어도 그것을 0에다 걸면 0이 되고 만다. 그렇다고 나의 문학 활동과 정치참여가 곱셈진리0에다 거는 어리석음 이였다고 단정하지는 않는다. 방법의 착오였다고 생각한다.

기대수준을 높이려면 과거의 장벽을 깨고 마음의 프로그램을 다시 짜야하며 앞서는 욕망보다 실천하는 의지가 있어야하는데 목적지에 이르는 과정보다 목적지에서의 자신을 꾸미고 있었던 것이 실패의 원인이었다.

대부분의 사람들은 자신의 사회적 신분이나 지위를 나타내는 명함을 갖고 있다. 네모난 종이쪽지를 주고받기 위해 사용하기도 하지만 신분이나 지위자체를 뜻하는 경우가 더 많다. "국회의원이라고 다 같은 줄 아나" "문인이라고 다 문인이냐"의 식으로 수준이나 정도의 차이가 심하여 견줄 바가 못 되거나 그 범주에 처음 얼굴을 내밀 때도 명함이라는 말을 쓴다. 이처럼 명함은 그 사람의 절대적인 평가기준이 되고 있어 명함 만들기 위해 또는 명함에 게재할 학, 경력을 쌓기 위해 안간힘을 쓰고 있다. 어떤 사람은 정치인, 교수, 변호사 등 사회지도층에 있어 기위旣爲 인정받고 있음에도 명함名銜 뒷면에 빼곡하게 정당, 관변단체, 사회단체, 사조직, 향우회, 종친회, 봉사단체, 계

모임의 직함까지 수없이 게재하여 자신을 과시하고자한다.

특히, 선거 때가 되면 입후보자들은 신분의 upgrade를 위해 정당, 연구단체, 봉사단체등에 당비, 회비, 기부금을 내고 명함을 얻어 무수한 경력을 과시한다. 그런데 중요한 것은 그러한 명함이 대중에 먹혀든다는 것이다. 무엇이든 들어내 보일게 있어 들어내는 자신감이 그 사람을 그 위치에 있게 한다.

이러한 명함이 있고 없고의 상황은 명암明暗이 교차 한다.

명함을 못 내밀 위치에 있으면 그만큼 위축이 되고 암울하다. 모든 일에 자신감이 없고 실패에 대한 예상이 실패로 이어지게 된다. 이런 현실이 오래가면 안 된다. 마음의 상처를 훌훌 털고 얽혀진 실타래를 스스로 풀어야 한다. 아무것도 가지지 못한 것이 기회가 될 수 있다. 과거를 인정하고 다시 앞으로 나아가야 한다. 모든 일을 직접 겪으면서 인생을 배우기란 삶이 너무 짧지 않은가.

책임지지 못할 사랑

지금도 나를 원망스럽게 생각하고 있겠지
나와의 마지막 날
혼 줄이 나서 달아날 때를 생각하며 서러워할 거야
그것이 이별이 될 줄 알았다면
내가 그렇게 하지는 않았을 텐데
지금 어느 곳에서
어떻게 살고 있는지
그래도 나를 보고 싶어 할 너를 생각하니
늘 마음이 아프단다
우린 정말 정이 들었나 봐
오늘도 나는 창가를 내다보며
네가 오기를 기다리고 있어

미안하다
그래서 다시는
책임지지 못할 사랑은
하지 않을래.

얼마 전까지 우리 집에 드나들던 고양이에게 쓴 편지다. 삼 년 동안 하루에 몇 번씩을 보아도 늘 헤어질 때는 아쉬워했다. 비록 짐승이지만 서로 간의 눈빛만 보아도 상대의 마음을 다 알 수 있는 사이였다. 그런데 한 달 전에 헤어지게 되었다.

나는 평소에 애완동물을 좋아하는 사람들을 이상하게 여겼다. 많은 시간과 돈을 들여가며 짐승과 함께 생활하는 사람들을 몹시 못마땅하게 생각했었다. 그래서 하물며 '세상은 개판'이라고 했으며, '애완용 동물을 사랑하는 만큼 제 부모 형제한테 잘하지'라고 쓴소리를 내뱉기도 했다.

그런 나에게도 변화의 계기가 왔다. 전원에 남향집을 지으면서 내 공부방의 창을 동쪽으로 내었다. 창밖에 잘생긴 감나무가 있고 선비의 정기가 흐르는 서원이 바로 보였기 때문이다.

삼 년 전인 2013년 12월 이사를 하고 며칠이 지났을까. 밤에 공부하고 있는데 새끼 고양이 한 마리가 감나무를 타고 올라 내 창을 들여다보고 야옹거리며 나의 시선을 끌고 있었다.

처음에는 약간 무서운 생각이 들었지만 금방 귀엽게 느껴졌다. 이튿날부터 현관을 나서면 어김없이 기다리고 있었다. 목에 빨간색 줄을 매고 있는 것으로 볼 때 주인이 있는 고양이었다. 우리 집 주변에는 들고양이 서너 마리가 늘 와서 논다. 그런데 들고양이들은 모두 사람을 피하지만 이 녀석은 사람을 따르고 있다. 그때부터 친해지기 시작했다.

고양이는 하루에 대여섯 번씩 온다. 올 때마다 먹을 것을 달라며 졸라댄다. 그래서 멸치와 생선 대가리 등을 준비해 두었다가 주곤 했다. 그런데 매번 먹기 위해서 오는 것만은 아니었다. 새끼 때부터 친해진지라 서로 간의 의사소통이 되는 것을 느꼈다.

어떤 때는 바쁘다는 이유로 먹이만 주고 방으로 들어오면 이놈은 먹이를 먹지도 않고 창가로 달려와서 "제가 얻어먹으러 온 게 아니고 같이 놀려고 왔어요."라는 눈빛이다. 또 어떤 때는 먹이를 안 주고 같이 놀려고 하면 "배가 고프니 먹을 것부터 주세요."라고 한다.

이렇게 지내는 사이에 내가 그놈에게 잘못하고 있다는 걸 알았다. 들고양이들은 어디서 어떤 사냥을 하는지 몰라도 모두 통통하게 살이 쪄 있고 이놈은 비쩍 말라 있었다. 내가 주는 양식이 적었으며 또한 외출이 잦은 나로서는 그놈의 배를 채울 수가 없었다. 처음부터 정을 주면서 먹이를 주지 않았더라면 그놈은 자생할 수 있었을 텐데, 미안한 생각이 들었다.

그러던 어느 날, 몹시 바쁘고 화가 나 있던 나에게 먹이를 달라고 조르다가 호된 야단을 듣고 도망을 갔다. 이후로 그놈은 보이지 않았다. 며칠 후 경로당의 어른들에게 들은 말에 의하면 그 고양이 주인이 새끼 두 마리와 함께 먼 곳 산 밑에 버리고 왔다는 것이다. 참으로 마음이 아프다. 지금부터 생존경쟁에서 어떻게 견딜지가 걱정스럽다. 그토록 좋아지내던 나를 얼마나 원망할까.

우리네 인간관계도 이렇지 않을까. 가만히 두면 그대로 살 수 있는 사람에게 내가 무슨 구세주라도 되는 듯이 정을 주거나 사랑을 하는 경우도 마찬가지다. 그 사람에게 어디까지 채워 줄 수 있는지, 채워도 채워도 채울 수 없는 것이 마음이 아닌가. 나의 모든 것을 다 줄 수가 없다면 시작하지 말아야 한다. 그러면 상처라도 남기지 않을 텐데 말이다.

하찮은 짐승에게도 이러할 진데, 하물며 사람과의 관계에선 더욱 신중히 생각해봐야 한다. 오늘도 장맛비 내리는 동창을 바라보니 나와 정들었던 사람들의 모습과 함께 고양이의 눈물이 어른거린다.

시역예유죄언 是亦羿有罪焉

올 겨울은 유난히 춥다. 지난 연말에 내린 폭설이 아직까지 덜 녹아 군데군데 무더기로 쌓여 귀살쩍다. 요 며칠 좀 눅는가 싶더니 다시 음풍이 일면서 을씨년스러운 기분이다.

오늘은 영남문학 신년교례회를 하는 날이다. 행사 참석자 파악을 하다 보니 예정보다 적은 수였다. 원인인즉, 나에게 문학 지도받은 사람들 중에 일부는 별도의 동인으로 구성되어 월례회를 한다는 것이었다. 그 회원 중에 몇 분이 "우리 월례회는 매월 하는 것이고 신년교례회는 일년에 한번 하는 것이니 우리 동인이 장 교수가 주최하는 신년교례회에 합류하는 것이 마땅하다."고 제의 하였으나 일부 회원의 반대로 무산되었다고 한다.

같은 교실에서 수업을 받은 사람들의 전체 모임에 참석하지 않고 별도 모임을 더 중요시 한다는 것에 대하여 좀 언짢은 기분이었다. 이 역시 나의 부덕함이라 생각하고 행사에 필요한 용품을 가져가려고 사무실에 들렀다. 우편물을 수거하던 중 영천에 살고 있는 어떤 독자의 자유 기고문을 보게 되었다. 원고지에 정성스레 쓴 육필 원고인데 그 내용을 읽는 순간 나는 부끄러움을 금할 수 없었다.

원고의 내용은 이러했다. '요즘 우리 사회에는 참다운 스승이 없어 아쉽다'는 내용으로서 맹자 이루장구離婁章句 하편에 이야기 한 토막을 소개하고 있었다. 그 내용은 오래전에 들은 적이 있었기에 컴퓨터에 앉아서 검색을 하였다.

방몽逄蒙이 활쏘기를 예羿에게 배워 예의 기술을 다 배우고 생각하기를 '천하에 오직 예만이 자기보다 낫다'하고 예를 죽였다. 이에 대한 맹자의 평은 "그렇게 된 것에는 예에게도 죄가 있다"고 하자 공명의公明儀는 "마땅히 죄가 없을 듯하다"고 하였으나 맹자는 "죄가 박할지언정 어찌 없다고 하겠는가?"라고 하면서 다음과 같은 예를 들었다.

정鄭나라 사람이 자탁유자子濯孺子를 시켜서 위衛나라를 치게 했는데, 위나라에서는 유공사庾公斯로 하여금 자탁유자를 추격하게 하였다. 이때 마침 자탁유자는 지병으로 인하여 활을 쏠

수 없게 되자 "이제 나는 죽었다"하고 마부에게 "나를 추격하는 자가 누군가"하고 묻자 마부가 "유공사입니다"하자 자탁유자가 "이제 나는 살았다"하였다.

마부가 생각하기에 유공사는 위나라에서 활을 제일 잘 쏘는 사람인데 자탁유자가 살았다고 하니 괴이하여 그 이유를 물은 즉 "유공사는 윤공타尹公他에게 활쏘기를 배웠고, 윤공타는 나에게 배웠다. 그런데 윤공타는 단정한 사람이라 반드시 단정한 이를 취하여 가르쳤을 것이다"라고 하는 것이다.

이때 유공사가 자탁유자에게 이르러 "어찌 활을 잡지 않습니까?" 하자 "나는 오늘 병이라 활을 잡을 수가 없다"고 하였다. 과연 유공사는 "저는 윤공타에 활쏘기를 배웠고, 윤공타는 선생님께 배웠으니 스승의 도로 차마 스승을 죽일 수가 없습니다."하고 화살을 뽑아 마차 바퀴에 두들겨 화살촉을 뽑고 네발을 쏘면서 "이는 국가의 일이니 그만둘 수가 없어서 하는 겁니다."하면서 돌아갔다는 이야기였다.

요즘 대학이나 도서관, 문화센터 등지에서 문예창작 교실이 많이 생겨서 경쟁하고 있다. 그래서 창작교실마다 신춘문예나 공모전에 당선을 많이 시키기 위하여 노력하고 있다. 그러다 보니 사람의 인성보다 글 잘 쓰는 사람을 우대하는 경향이 있다. '문文은 인人이다'는 말처럼 글과 사람이 같아야 하는데 실제 그렇지만은 않다. 글은 잘 쓰나 인성이 아주 잘못된 사람도 더러 있고, 글은 잘 쓰지 못하나 인품이 훌륭한 사람도 많다.

현재 우리 사회는 풍요한 가운데 무한 자유를 누리고 있다. 그래서 과거처럼 삶에 대한 처절한 고뇌가 없다. 사상과 철학을 가지고 글을 쓰지 않고는 베길 수 없어 글을 쓰는 사람은 많지 않다. 문학 마당을 누비고 다니는 사람들은 대부분 그저 취미 활동이나 여기餘技로 생각하며 글을 쓰고 있다. 그 가운데 일부 층은 창작교실 여기저기를 옮겨 다니며 지도 선생을 비교하여 비판하고 새로운 계보를 형성하고 있다.

이러한 현상을 빚게 한 것은 결국 선생이 올바른 교육을 시키지 못하였기 때문이다. 그저 수강생 모집에 급급하고 조직 확대에만 혈안이 되어 부추겨가며 외형에만 치중하였기 때문이다.

오늘 독자의 기고문 「禮를 알면 必死者도 용서 된다」를 접하면서 내 모습을 살펴보았다. 윤공타尹公他와 같은 참 스승을 생각하니 을씨년스럽던 마음이 여지없이 녹아내린다.

삼청교육대

　고요한 새벽이다. 긴급 대책 회의를 마치고 본서本署 수사 형사와 함께 3개 조로 나눠 지서支署를 나와 검거 대상자의 집을 습격하러 간다. 면 단위 농촌지역은 불빛 하나 없다. 동네 어귀 봇도랑과 저수지에는 얼음이 꽁꽁 얼어 있고 바람이 차다. 곳곳에서 닭 울음소리가 정겹게 들린다. 이렇게 평화로운 농촌지역에 잠시 후 벌어질 섬짓한 일을 생각하니 온몸이 오싹해진다.
　검거 대상자의 집 앞에 도착했다. 우리 조 3명이 담당한 검거 대상자는 C급이었다. 현재 고등학교 2학년이다. 덩치가 크고 싸움을 잘하지만 포악하지 않고 순박하다. 학교에서도 싸움을 가끔 하였으며, 장날이면 면 소재지에 나와 술을 마시고 고성방가 하며 가끔 싸움을 했다고 한다. 그간 몇 차례 지서에 잡혀 왔지만 지역 유지들이 신원보증을 서고 훈방되었다고 한다. 아래채 방에 자고 있다는 것까지 알고 왔기에 성과를 눈앞에 두고 있다. 우리 일행은 방문 앞에 둘러싸고 내가 방문을 두드리며 열었다. 놀라서 일어나는 대상자에게 지서에서 왔다는 걸 알리고 동행을 요구했다. 대상자는 현실을 금방 알아채고 순순히 응했다.

고참들이 나에게 "장 순경, 수갑을 채워서 연행해"라고 하며 앞서 걸어가고 있었다. 나는 "예"라고 대답한 후 마당 어귀에 나오면서 대상자 귀에 대고 "빨리 튀어!"라고 했다. 그러자 대상자는 번개같이 달아났다. 나는 잡으러 가는 척하다가 말았다. 방심하고 있던 고참들이 나를 몹시 나무랬다. 지서에 들어와서 지서장에게 심한 꾸중을 들었다. 사실 나는 공직자로서 직무 유기였고 범죄 행위를 하였다. 그날 우리 지서에 잡혀 온 B급 두 명은 경찰 호송차에 실려 본서로 갔고 이튿날 모 군부대 삼청교육대로 입소하였다. 이후 거의 병신이 되어 돌아왔다.

1981년 1월 중순에 있었던 삼청교육 마지막 소탕 작전 때 있었던 일이다. 내가 경찰에 막 입문한 초임 순경 시절이었다. 삼청교육은 1980년 8월부터 1981년 1월까지 4차에 걸쳐 6만여 명을 검거하는 대대적인 사회정화 운동이었다. 최규화 대통령 재임 중에 전두환 신군부에서 12.12사태를 통해 권력을 장악하고 종로구 삼청동에 국가보위비상대책위원회(국보위)를 두고 전두환이 상임위원장을 맡고 있었다. 1980년 8월 4일 발령된 계엄포고 13호에 근거하여 삼청계획 5호는 명분이 충분했다.

　10.26 사태 이후 우리 사회는 극히 혼란하였다. 19년 장기 집권을 했던 박정희 대통령이 시해를 당하자 많은 국민이 충격과 실의에 빠진 상태가 되는 반면에 민주화를 염원하던 계층에서는 세상을 바꿀 꿈을 꾸고 있었다. 정치권에서는 3김씨(김대중, 김영삼, 김종필)가 '1980년 서울의 봄'이라는 신조어와 함께 각각 대권의 꿈을 꾸며 정계 개편에 분주하였다. 이러한 상황에서 사회 분위기는 무질서와 치안 공백이 생기게 되었다. 한마디로 고삐 풀린 망아지가 날뛰는 현상이 되었다. 자유당 정권 이후 숨죽이고 있던 폭력배들이 조직을 확산하고 정치인 주변과 각종 이권 사업을 둘러싸고 폭력배들이 난무하고 사회적 불안이 심각했다. 특히 북한의 대남 침략 공작은 구체화 되는 위기 상태가 되고 있었다. 이대로는 민주적이고 평화적인 선거를 치를 수 없는 상태가 되었다.

　이러한 국가 위기 상태에서 전두환은 구국의 일념으로 비상계엄을 선포하고 국가안보와 치안 확보를 하기에 이르렀다. 삼청교육 역시 부작용이 많았다. 폭력배와 사회악이 되는 불량배를 검거하는 기준으로 A, B, C, D급으로 구별하여 전국의 경찰서별 강제 배분하였다. 각 경찰서는 또 각 지·파출소별로 배정하여 그 실적을 감당해야만 했다. 서울을 비롯한 대도시의 B급과 C급에 해당되는 폭력배는 보통 도시와 농촌지역의 A급에 해당하는 폭력배보다 더 악랄했다. 그리고 정치와 경제권을 둘러싸고 있는 이권과 관련하여 그 지역 유력인사들은 군 고위층, 관할 경찰과 유대가 되고 있기에 그 영향력에 따라 삼청교육대에 잡혀가는 현상이다 보니 공정성은 있을 수 없었다. 특히 농촌지역은 강제 배분에 맞추려니 선량한 농부가 장날 술 먹고 싸움 한두 번 한 일로 삼청교육대에 잡혀가서 불구의 몸이 되어 돌아오는 안타까운 일도 있었다.

역사는 그 시대 상황에 따라 평가가 다르다. 발해를 세운 대조영, 고려를 세운 왕건, 조선 왕조의 기틀을 만든 이방원, 선조의 미움을 받았던 이순신, 한강의 기적을 이룬 박정희와 전두환 모두 반역자 또는 영웅이다. 그러나 이들은 모두 공익公益을 우선하였다는 점이다. 오늘날 세계 위에 우뚝 선 자유대한은 모두 이들을 중심으로 이루어졌다. 그 이후에 정치 지도자들은 어떠한가. 대부분 사리사욕을 위하여 역사를 뒤집기 하여 자기 세력과 만세토록 영화를 누리려고 한다. 죽은 후에도 천문학적인 국가 예산을 마구 쓰고 있다.

이제는 정의를 위해 권총을 빼들 용기 있는 지도자가 없다. 또 '나를 따르라'해도 따를 자가 없다. 지금 우리나라 상황은 조선 말기 또는 해방 전의 정국보다 더 심각하다. 이 상태에서 나라가 망하게 될 경우 또 다른 의사義士가 나타나 나라를 구하려 할 것이다. 그러나 구하기도 어려울뿐더러 구한다 해도 오늘날의 자유와 경제 대국은 기대할 수 없다. 그렇다고 '될 대로 되어라'며 방관할 수는 없지 않은가.

휴거 한다는 그날

　자정이 다가온다. 잠시 후가 되면 이 모습 이대로 천국으로 올라가게 된다. 예배당 안은 긴장감이 도는 가운데 찬송과 기도로 열기가 뜨겁다. 대부분 '승천복'을 의미하여 흰옷을 입고 있었다. 연세가 지긋한 노인들은 그간 이 땅 위에서 온갖 풍상을 겪으며 모진 삶을 살아왔는데, 이제 근심 걱정이 없는 천국으로 올라가게 되어 감사하다는 기도를 드리고 있다. 중년의 부녀자들은 아직 믿지 않는 자녀들을 구원받게 하지 못하였고 결혼도 시키지 못하고 혼자 천국에 가게 됨을 안타까워하고 있다. 더러는 남편을 믿게 하지 못하고 생이별하는 슬픔에 잠겨 있다. 내 오른쪽 바로 옆자리에는 고등학생쯤으로 보이는 소녀가 있었는데 친구들의 이름을 부르며 너희들도 예수 믿고 구원받으라고 축원하고 있다. 더러는, 모든 재산을 다 헌납해야 하는데 믿지 않는 가족을 위해 감춰 놓은 것이 죄송하다며 참회의 기도를 하는 사람도 있다.

괘종시계가 10분 전을 가리키고 있다. 예배를 인도하는 담임 목사가 시간을 알리면서 기도 한다. "사랑하는 형제자매 여러분, 이제 우리는 주님의 뜻에 따라 예비하여 두신 천국으로 들리어 올라가게 해주신 은혜 감사합니다. 그러나 짝 가정으로 인하여 전 가족이 천국에 들지 못하여 안타깝습니다. 남은 가족들을 불쌍히 여기시고 나중에라도 예수 믿고 구원받게 해주시옵소서…….

기도하던 목사가 이윽고 시계를 보면서 "이제 마지막으로 우리는 기쁨의 찬송을 합시다. 찬송가 493장 '하늘 가는 밝은 길이'를 부르면서 천성으로 올라갑시다."라고 하자 전 교인이 눈을 감은 채로 감격에 넘친 모습으로 찬송가를 부르고 있다. 4절까지 부르고 나니 자정이 되었다. 목사는 마지막 카운트다운을 하며 "주님 이제 우리를 들어 올려 천국으로 인도하소서."라며 마지막 절규를 하였다.

1992년 10월 28일 자정, 대구 두류동에 있는 다미선교회에서 있었던 일이다. 나는 당시 달서경찰서 정보과에서 종교 담당을 하였다. 대구지방경찰청 관내에 다미선교회가 6곳이 있었으며 정보 형사는 교회 안에 직접 들어가서 동향 파악을 하였고 만일의 사태를 대비하여 기동대 출동 준비도 해두었다.

마지막 예배를 드리는 27일 밤 10시부터 교회 안에 들어가 교인들과 함께 예배를 드렸다. 사실 나도 기독교인이다. 그러나 '휴거'라는 종말론은 믿지 않았고 신흥 사이비 종파라는 걸 알고 있었다. 이 종교가 특별했던 이유는 바로 위에서 언급했던 대로 '휴거' 떡밥이다. 1990년대에는 노스트라다무스가 남겼다고 알려진 1999년 지구 멸망 예언으로 흉흉했던 세기말 분위기와 맞물려 종말론을 내세우는 신흥종교들이 많이 탄생했다. 다미선교회는 종말론자 이장림 목사가 주도하여 노스트라다무스의 예언과 요한묵시록을 근거로 해서 24시에 휴거가 일어난다는 주장으로 신자들을 모았다. 그런데 성경만 봐도 복음서에서 '그날은 천사도 모르고 오직 하나님만이 아시며 예상치 못한 때에 갑자기 온다'고 했다. 그럼에도 불구하고 사람들이 속아 넘어갔다. 애당초 성경의 이야기를 종교적 관점이 아닌 실제 예언서로 믿어 버린 데서 오는 비극이었다.

자정이 지나게 되자 목사는 "아직 하나님의 뜻이 아닌가 봅니다."라며 주저앉았고 신자들은 눈물을 흘리며 실의에 빠졌다. 더 이상 기도를 하거나 찬송을 부를 힘이 없었으며 모두 허탈하여 멍한 상태가 되었으며 일부 신자는 비틀거리며 집으로 돌아갔다. 그날 밤 KBS 보도본부 24시, MBC 마감뉴스, SBS 마감뉴스 등 언론에 모든 것이 생방송으로 공개되었다. 그러자 다미선교회마다 사람들이 몰려들면서 친구와 친지를 찾아 부둥켜안고 우는 사람들도 있고 사기꾼 목사를 처벌해야 한다는 목소리와 함께 목사에게 항의 하였으며 전 재산을 교회에 바친 사람들은 회수하기에 이르렀다. 그러나 이 사건으로 인하여 가정 파탄도 많았다. 그러는 가운데 이장림 목사는 구속되어 형사처벌을 받긴 행으나 미미하였다.

　여기서 우리는 한가지 생각해볼 게 있다. 이장림 목사 외에 각 지역의 목사 중에서 신앙적 양심에 따라 확신범이 있을 수 있다. 그런 경우에는 책임 조각이 될 수 있으나 사기라는 걸 알고도 이러한 행위를 한 목사는 엄히 처벌하는 게 마땅하다. 그 당시 휴거로 인한 사회적 파장이 엄청 큰 사건에 비하여 사기죄로 처벌받은 목사는 별로 없었다. 요즘 정치계를 봐도 이와 유사하다. 온갖 악행과 부도덕한 범행을 저지른 자들이 지도자와 정치인의 자리에서 나라를 지배하고 있다. 그럼에도 절대다수의 국민들은 그들을 지지하고 있다. 이제는 가치관의 기준, 사회상규, 도덕이라는 말은 옛말이 되었다. 수단과 방법을 가리지 않고 돈과 권력을 쥐는 자가 승리하는 세상이다.

동요와 가곡이 그리운 시대

　초등학생이 트로트를 부른다. 어린 나이에 어떻게 저토록 애절한 감정이입을 할 수 있을까? 오랜 인생을 산 것도 아니고 사랑과 이별을 맛보지도 못했을 텐데 말이다. 요즘 TV방송국 여기저기서 트로트 붐이다. 코로나 시기에 TV조선에서 미스트롯을 하여 암울하던 현상 속에서 밝고 명랑한 분위기를 가져오게 했다. 그 이후로 여러 매체에서 로또 당첨처럼 엄청난 상금을 걸고 경연을 한다. 여기에 일정 선 안에 든 가수들은 스타가 되어 고소득을 올리고 있으며 온 국민이 트롯 가수의 팬이 되고 있다. 중요한 건 과거의 가수들보다 더 잘하고 있으며 더 섹시하다, 그 관능적 몸짓을 보며 세속적이며 저속하다고 말하는 사람이 거의 없다. 그래서 초·중·고 학생들도 아예 공부보다는 노래를 잘하는 게 빠른 성공의 길이라 여기고 트로트에 몰입하고 있다.

동요가 그리운 시대가 되었다. 동요는 전래동요와 창작동요로 나눌 수 있다. 전래동요는 지방마다 각양각색으로 구전 되어왔다. 사람의 모양을 가지고 놀리는(앞니 빠진, 오줌싸게 등) 노래도 있었고, 아이들이 어떤 놀이를 하며 부르는 노래(숨바꼭질, 쎄쎄쎄, 기차놀이, 소꿉장난 등)도 있었다.

한국에서 동요 창작이 성행했던 것은 일제강점기의 영향이었다. 암울한 식민지 시대와 한국전쟁을 겪었던 한국인들이 자라나는 어린이들에게만큼은 희망과 꿈을 심어주고자 했던 의도에서 동요를 만들었다. 내로라하는 동요 작사, 작곡가들의 출생 연도가 일제강점기 때가 가장 많다.

창작동요의 시작은 1924년에 발표된 윤극영의 「반달」이다. 이 노래가 나오기 이전에는 창가唱歌라고 하여, 찬송가나 일본식 곡조에 우리말을 적당히 지어 붙여 젊은이·어린이 구별 없이 불러왔다. 그러다가 「반달」이 발표되면서 예술가곡藝術歌曲·대중가요大衆歌謠, 그리고 동요로 확실한 구분이 이루어지게 되었다.

윤극영의 「반달」과 함께 방정환 「늙은 잠자리」, 한정동 「따오기」, 서덕출 「봄편지」, 윤석중 「오뚜기」, 최순애 「오빠 생각」, 이원수 「고향의 봄」 등이 어린이들의 정서 함양은 물론 민족의

식을 고양 시켜왔다. 이후 1930년대에 들면서 일제는 동요 확산에 당황하여 우리말 말살 정책을 펴서 동요의 암흑기가 되었다가 해방이 되면서 다시 붐이 일어났다. 이후 어효선, 신현득, 김종상 등이 동요 문학 부흥에 애써 왔다. 그러다가 1983년부터 시작한 MBC 창작동요제創作童謠祭는 초기에 일선 학교 교사들이 창작한 동요를 대상으로 하였다. 여기서 발표된 동요 중 상당수가 현재 어린이들 사이에서 널리 애창이 되고 있으며, 또 많은 곡이 음악 교과서에 수록이 되어 한국 동요의 주류 역할을 해왔다.

요즘 아이들은 동요를 잘 부르지 않는다. 초등 교육과정에서 3학년 이상은 일주일에 2시간의 음악 시간이 있어 국악, 클래식, 동요 등을 가르치고 있다. 그러나 교실에 피아노가 있어 선생이 피아노를 치면서 동요를 가르치는 학교는 거의 없다. 그래서 정서적으로 좋은 동요를 흥얼거리는 아이들은 없고 트로트만 머리 속에 맴돌고 있는 현실이다.

나는 사계절이 모두 동요 안에 있고 일상에서 느끼는 감성이 모두 동요 안에 있다. 꽃·나비·잠자리·새를 봐도, 연못·시내·강·바다를 봐도, 기차·자동차·비행기·배를 봐도, 이슬·구름·비·눈을 봐도, 시골길을 지나면서도 마냥 동요를 흥얼거린다. 늘 흥얼거리면서도 그립다. 풍금소리를 들으며 배운 동요가 그립다.

요즘은 가곡이 인기가 없다. 평생교육시설에 가곡 과정이 있긴 하나 대부분 고령층 일부가 즐기고 있을 뿐이다. 성악을 전공한 청년들은 일자리가 없어 대학원을 가고 또 유학을 갈 수밖에 없다. 유학을 거듭한 후 귀국하면 교단에는 자리가 극히 적어 문화센터 강사로 일하고 있다. 지금 우리 사회는 좋은 정서와 사상이 담긴 가곡을 필요로 하지 않는다. 쾌락과 자극적인 트로트가 더 좋기 때문이다. 여기서 말하는 가곡은 전통가곡(고려 때부터 전해오는 시조, 가사 등)과 다른, 현대시에 작곡가들이 곡을 붙인 서양식(독일, 프랑스, 이태리 등) 음악의 예술가곡을 말한다.

우리나라에서의 가곡은 대한제국 말기에 기독교 보급에 따른 찬송가와 창가에서 비롯되었다. 창가는 1890년대부터 1920년대까지 〈애국가〉, 〈권학가〉, 〈독립가〉 등에서 보듯이 시대정신을 반영하여 널리 애창되던 노래였다. 이러한 창가는 1920년대 들어 새로운 양상을 띠기 시작했다. 1919년 일본 유학을 떠났던 홍난파가 관동대지진으로 귀국하면서, 당시 식민지배를 받고 있던 겨레의 슬픔과 고뇌를 그린 김형준의 시 「봉선화」에 자신이 전에 작곡한 바이올린곡 〈애수〉의 선율을 붙여 가곡 〈봉선화〉로 발표한 것이다. 〈봉선화〉는 이내 전국 방방곡곡에 울려 퍼지게 되었고, 바로 한국 가곡의 시발점이 되었다. 이 곡은 음악적인 수준과 내용은 풍부한 예술성을 지닌 작품으로 종래의 창가에서 승화된 새로운 것이었다. 또 1922년 이은상의 시에 박태준이 곡을 붙여 만든 새로운 스타일의 노래인 〈사우(思友, 동무생각)〉가 선을 보이면서부터 오늘날에 이르기까지 수많은 좋은 시에 작곡가들이 곡을 붙여 아름다운 가곡으로 불리고 있다. 우리는 이러한 가곡을 중·고등학교 때부터 부르게 되었고, 청소년들과 청년들에게 좋은 정서 함양은 물론 꿈을 키우면서 건전한 사회인이 되게 하는 매개체가 되었다.

지금 우리 사회는 병들어 있다. 왕조시대 때 당파싸움으로 피비린내 나는 정쟁 못지않게 권력 싸움을 하고 있다. 또 해방 전에서부터 6·25 한국전쟁 때처럼 이념전쟁을 하고 있다. 정치권력을 쥐기 위하여 선량한 국민을 이용하여 국민을 우롱하고 있다. 한쪽은 국가 기강과 국호 보전은 뒷전이고 정치권력을 쥐기에 급급하고, 다른 한쪽은 수단과 방법을 총동원하여 부정과 범죄행각을 일삼으며 이권과 축재를 하고서는 거짓말로 일관하고 계파의 힘으로 보호막을 치고 있다. 이제는 '사회상규'라는 말도 필요가 없고 '상식'이라는 말도 필요가 없으며 '가치관'의 기준도 없는 사회가 되었다. 그저 국가에서 막 퍼주기만 바라고 이권 경쟁에만 몰두하고 있다.

동요와 가곡이 그리운 시대다. 올바른 사고와 바람직한 사상을 가지고 진정한 가치관이 무엇인지를 알게 하는 사회가 되었으면 좋겠다. 어린이들이 좋은 정서로 자라게 하고 좋은 꿈을 키우는 교육이 되었으면 좋겠다. 청소년들이 바른 사고와 사상을 가지고 건전한 사회를 이끌어갈 인재로 성장했으면 좋겠다. 그러기 위해서는 정부와 지자체에서 문학예술 부흥을 위한 사업을 많이 해야 한다. 어린이들이 동요를 부르고 청소년들이 가곡을 부르면서 좋은 정서를 가지고 바르게 성장하는 세상이 간절하다.

서평

장사현 작가의 문애文愛와 인간애의 통섭

박양근 (문학평론가, 부경대 영문과 명예교수)

팩트 너머의 진실로

문학을 논할 때 가장 먼저 떠오르는 물음은 "문학은 과연 무엇을 드러내는가?"이다. 그 물음의 끝에는 언제나 또 하나의 질문이 따라온다. "그 드러난 것을 우리는 어떻게 해석해야 할까?" 이 두 질문은 문학이 다루는 것이 단순한 사실fact이 아니라 그 너머에 있는 진실truth임을 일깨워준다. 문학과 평론이 존재하는 이유 또한 바로 그 진실을 탐구하기 위해서다.

그 가운데 수필은 특별한 자리를 차지한다. 수필은 작가 개인의 삶이라는 팩트를 거쳐 인간 존재의 의미와 가치에 다가서는 장르다. 무엇보다 수필이 지닌 본질적 미덕은 일상 속에서 외면되기 쉬운 작고 미미한 것들 속에 깃든 실존의 품격을 발견하는 데 있다. 그것은 곧 무심히 지나치는 사물들에 생의 빛을 비추고, 팩트에서 진실로 나아가는 심미적 통로를 여는 일이다.

이런 수필 정신을 열정적으로 실천하는 한 사람이 있다. 바로 장사현이다. 그는 작가이자 문학 평론가이며, 문예지『영남문학』의 발행인이고, 다양한 문학 행사를 기획하며 미술관 운영까지 도맡는 문예 운동가다. '한 우물만 파야 한다'는 속설을 비껴가며, 그는 자신의 삶을 기꺼이 희생하면서 문학의 토대를 넓히는 데 헌신해왔다. 어쩌면 그는 그것을 주어진 운명이라 믿고 있는지도 모른다.

장사현 작가가 마침내 수필집《시간의 이끼가 덮인 서랍》을 상재했다. 수필가로 등단한 지 27년, 경찰 공무원으로 20년간 봉직한 후 지금까지 문예운동을 하고 있다. 화려한 경력도, 지명도 높은 학벌도, 명예로운 성공담도 없다. 대신 춘양목의 고결한 향기와 산골 달개비꽃의 질긴 생명력, 그리고 박봉의 삶 속에서도 문학을 놓지 않았던 한 작가의 고백이 있다.

나아가 그의 고백은 눈부신 수사가 아니라 '진실한 언어'로만 이루어진다. 삶을 관통한 시간들을 조용히 들여다보며, 그는 스스로 말한다. "살아온 세월의 마디마디를 상념의 기록으로 남기고 싶었다." 상념은 단순한 회고가 아니다. 세월로 숙성되고, 침묵으로 다듬어지며, 감수성으로 벼려진 기억의 결정체다. 이 수필집이 지닌 진정한 가치는 바로 그 고요한 담화, 삶을 마주한 담백하고 내밀한 언어에 있다.

《시간의 이끼가 덮인 서랍》은 이끼 낀 풍경 속에서도 진실은 빛을 잃지 않는다는 사실을 전한다. 그것이 문학이 해야 할 일, 그리고 수필이 할 수 있는 일이다. 장사현의 문학은 말하고 또 말한다. 삶의 가장 낮은 곳에서 피어나는 진실이 가장 가까운 일상 속 서랍에 깃들어 있다는 것을.

1. 춘양목과 달개비꽃 사이

장사현을 가까이서 지켜본 사람들은 두 가지를 입을 모아 말한다. 하나는 그의 한결같은 겸손이다. 여러 단체장을 맡고 있으면서도 자신을 앞세우지 않고, 언제나 남을 먼저 내세운다. 환한 웃음과 낮은 말씨만으로도 인간으로서의 깊은 내공이 전해진다. 또 하나는 문학에 대한 열정이다. 문학이 있는 곳에는 언제나 장사현이 있다고 말할 만큼, 그는 대구를 중심으로 영남권과 전국을 다니며 문학의 불씨를 지켜왔다. 영남대학교 문학예술과정 책임교수로 16년간 재직하고, 문예지 『영남문학』을 오랜 세월 발간해 온 그의 행보만으로도 문학과 수필에 대한 지조가 얼마나 확고한지 짐작할 수 있다. 비유하자면 그 삶은 단단하고 곧고 견실하다.

그런 성품과 기질은 어디에서 비롯된 것일까. 그의 글을 읽으면 봉화의 첩첩산골에서 태어나 체득한 인내심과, 오랜 공직생활과 문단 활동 속에서 다져진 자제력이 그것을 만들어냈음을 알 수 있다. 장사현은 제자들을 가르치고 심사를 맡았을 때도 자신의 성장과 문학의 기원을 장황하게 드러낸 적이 거의 없다. 그는 진중했고, 침묵의 언어만이 자신을 변호할 수 있다고 믿었다. 그에게 문학은 남에게 과시하는 외형이 아니라 마음으로 사랑하는 진실이라는 말이다.

장사현 문학의 뿌리는 언제나 고향 봉화였다. 천지가 개벽한 이래 인적이 드물던 산골에서 어린 그는 화전 농사를 돕고, 가난을 운명처럼 받아들였다. 그 속에서 자라난 소년은 산골의 야생화와 잡초, 봉화의 상징인 황금빛 소나무의 낮음과 의지를 배웠다. 그에게 학교는 자연이었고, 스승은 산이었다.

〈춘양목을 바라보며〉는 오랜만에 고향을 찾아 금강송이라 불리는 춘양목을 마주하며 지난 세월을 되돌아보는 회상이다. "내 속에 있는 재목은 어떤 소나무였을까?"라는 물음은 곧 자기 성찰의 시작이다. 30년 넘게 도회지에서 살아오며 춘양목의 향기를 잊고 지냈지만, 공직생활 동안 진급과 보직을 위해 때로는 그 기풍을 외면해야 했던 경험을 떠올린다. 퇴임 후 개인사업과 문학 활동을 하면서도, 가지가 흩어진 소나무처럼 방만하게 살아왔음을 그는 솔직히 고백한다.

"멀리 산등성에 고사목이 보인다. 온몸을 삭여가며 관솔을 키우고 있다."

— 〈춘양목을 바라보며〉에서

그는 춘양목을 바라보며 자신을 비춰본다. 절개와 충절을 상징하는 그 목질의 단단함은 곧 인간의 품격이다. 어린 시절부터 함께해 온 그 소나무를 닮고자 하며, 그는 자신 안의 재목을 찾는다. "송죽지절松竹之節처럼 변하지 않는 심성과 송교지수松喬之壽 같은 인품을 닦으려 한다."는 그의 다짐은 문학적 수사가 아니라 인생 후반부에 이른 한 인간의 윤리적 고백이다.

〈달개비꽃〉은 또 다른 그의 내면을 보여준다. 달개비꽃은 화전밭의 잡초로, 척박한 땅에서도 짓밟히고 베이면서 다시 피어나는 강인한 생명력을 지녔다. 작가에게 이 꽃은 어린 시절의 자신이었다. 농사일을 돕고, 광부와 나무장수로 일하며 형제들의 학비를 마련하던 어린 시절. 독학으로 공무원 시험에 합격하고 생계와 공부를 병행하며 살아온 그의 삶은 달개비꽃의 생명력과 닮았다. 그래서 그의 문학 속에서 달개비꽃은 단순한 식물이 아니라 작가 자신이자, 그를 살려낸 문학의 혼으로 자리한다.

유년기의 결핍과 세속적 욕망이 세월 속에서 어떻게 아이러니한 성취로 변하는지를 풍자적으로 그린 작품이 〈소원은 이루어지는데〉다. 어린 시절 그는 불룩한 배, 금테 안경, 훤한 이마를 부와 지식, 권력의 상징으로 여겼다. 세월이 흘러 그 소원이 이루어졌을 때, 그것들이 단지 외형적 허상임을 깨닫는 작가는 이 모순을 유머러스하게 드러낸다.

> 아직 늦지 않았다. 욕심의 거품과 함께 부풀어 있는 배를 청소하고 싶다.
> 기왕 안경을 끼고 있으니 사물 너머의 사물을 보고, 생각 너머의 세상을 보고 싶다. 욕망의 넓은 이마를 새롭게 디자인하고 싶다. 소박한 꿈이 결실로 빚어질 때 생기는 그 주름이 '어른의 모습'이라는 훈장이 되었으면 좋겠다.
> ― 〈소원은 이루어지는데〉에서

삶을 반성한 작가는 이제 외형보다 내면의 성숙을 더 소중히 여기게 된다. 욕심의 거품을 걷어내고 마음의 깊이로 돌아가려는 그의 결심은 문학이 향하는 방향과 맞닿아 있다. 그의 문학도 삶의 허무를 유머로 승화시키며, 진정한 성취란 외형이 아닌 마음의 깊이에 있음을 일깨운다. 춘양목의 절개와 달개비꽃의 생명력, 그리고 웃음 속 성찰이 장사현 문학의 근간을 이룬다.

그의 삶은 화려한 언변보다 진실한 태도로 증명된다. 그는 지금도 묵묵히 달개비처럼 몸을 낮추어 문예 활동을 하고, 춘양목처럼 곧은 자세로 글을 쓰려 한다. 비록 명문은 아니지만 진실한 글을 쓴다는 고백은 누구나 쉽게 할 수 있는 말이 아니다. 무엇보다 장사현은 말보다 글로, 글보다 삶으로 문학인의 도리를 증명하고 있다. 그래서 그의 글과 문학은 조용하지만 단단한 목향 침목으로 영남 문단을 떠받치고 있다.

2. 가족애와 핏줄의 문학

봉화의 깊은 청산이 장사현 작가의 정신을 키워 주었다면, 그에게 몸을 주고 문학적 자질을 물려주며 인간에 대한 자애심을 키워 준 사람은 부모다. 그는 좀처럼 자신의 가족에 대해서 말하지 않지만, 그의 의식과 감성의 세계에 항상 아버지와 어머니, 그리고 아내가 핏줄로 존재하고 있음을 부인하지 않는다.

장사현의 수필집에서 찾아볼 수 있는 가족 관련 작품은 단지 세 편에 불과하다. 집안의 마지막 선비였던 선친의 장례식 풍경을 다룬 〈소리가 사그라질 때 이어지는 소리〉, 선비의 집안에서 태어나 평생 문학적 재능을 숨기고 살았던 어머니를 이야기하는 〈어머니의 감기약〉, 그리고 가정을 위해 평생 기도문을 적는 아내의 〈기도의 힘〉이다. 이 작품들은 과묵한 남성이 품은 살뜰한 가족애를 육성 같은 문체로 대변한다.

〈소리가 사그라질 때 이어지는 소리〉는 유가儒家 출신으로 반촌의 가문에서 태어나 유림의 전통을 계승한 고전적 인간상인 아버지의 정신을 이어받은 아들의 관점에서 선친을 추모하는 글이다. 작가의 아버지는 유학의 품격을 지니면서 산골 마을의 민중과 어우러져 살아간 풍류의 사람이었다. 유학의 강직함과 유화적인 태도를 함께 지녔던 선친은 언제나 '소리'로 세상을 품었다. 지신밟기 상쇠, 방아찧기 노랫꾼, 산판의 장단을 이끄는 이로 살아가며 노동과 예술, 삶과 놀이를 자연스럽게 융합하였다. 그 정신은 오늘날에도 유효한 공동체 정신으로 이어진다. 이러한 아버지의 삶과 정신이 작가에게 깊은 문학적 뿌리가 되었음을 글은 암시한다.

　〈어머니의 감기약〉은 '감기약'이라는 일상적 소재를 매개로, 노모에 대한 죄송함과 세대 간 단절, 회복의 순간을 따뜻하게 그려낸 수필이다. 어머니의 감기몸살은 단순한 병이 아니라 환경 변화로 인한 심리적 위축과 정서적 단절로, 아들이 사 온 '감기약'보다 문학을 사이에 두고 나눈 이야기로써 더 깊은 치유가 이루어짐을 보여준다.

　　이윽고 자리에서 일어나시는 어머니는 내가 알고 있는 이야기보다 더 많은 역사와 야사까지 곁들여서 이야기를 하신다. … 그러는 가운데 어머니의 눈에는 힘이 생겼다. 얼마 지나지 않아 골목길 포터 차량에서 과일·채소 왔다는 마이크 소리가 들린다. 어머니는 얼른 나가서 콩나물을 사 와 다듬고 계셨다.

— 〈어머니의 감기약〉에서

병원 약이 아닌, 아들과 문학을 매개로 한 대화가 어머니의 생기를 되살리는 전환점이 된다. 이 작품은 인간관계의 본질적 치유력과, 아들에 대한 한없는 모정과 기대감을 고스란히 보여 준다.

부모가 장사현에게 과거의 혈맥을 되살리는 인물이라면, 현재를 받치고 있는 첫 문학 독자는 아내다. 단수필 형식의 〈연습 대상 아내는 지금도 연습 중〉은 평생을 함께하는 부부를 '연습'이라는 상징적 어휘로 엮어낸, 짧으나 오랜 감동을 남기는 수필이다. 초임 경찰관 시절 아내를 체포 연습 대상으로 삼았던 젊은 날의 에피소드에서 출발해, 가난·외로움·무심함 속에서도 묵묵히 글쟁이 남편 곁을 지켜온 아내의 헌신을 '연습'이라는 반복적 문체로 표현한다. 작가는 삶의 중심을 가족에게 두고 살아온 아내의 세월을 "40년이 넘는 결혼생활에도 아내는 아직도 연습 대상이며 연습 중이다."라고 표현한다. 단순한 결혼생활의 지속을 넘어, 사랑과 이해는 평생 계속되는 인간의 연습임을 함축한다.

작가는 무엇의 힘으로 괴롭고도 돈이 안 되는 문학판에서 버티고 있을까. 그 힘의 원천을 알려면 〈기도의 힘〉을 읽을 필요가 있다. "거실과 주방 사이는 아내의 기도실이다."로 시작하여 "아내의 기도는 이어지고 있다."로 마무리되는 이 글은 인간의 삶 속에서 신앙, 언어, 그리고 사랑의 에너지가 어떻게 현실의 변화를 이끌어내는지를 진솔하게 그려낸다. 작품은 아내의 소박한 '기도 자리'를 중심 무대로 삼아, 기도가 단순한 종교적 행위를 넘어 가족의 삶을 움직이는 실천적 믿음이라는 진실을 담고 있다.

아침에 출근하면 저녁 늦게 퇴근하는 아내는 늘 피로에 쌓여 있다. 주방에서 저녁을 먹고 나면 바로 소반 앞에 앉아 원하는 기도문을 공책에 쓰고 있다. 볼펜으로 꼭꼭 눌러 쓰면서 일만 번까지 세어갈 때, 써지는 글자들은 날개가 돋치고 푸른 숨결이 들려오는 것을 느낀다.

— 〈기도의 힘〉에서

아내의 기도 속에는 가족이 하루의 피로와 삶의 무게를 견디게 하는 힘이 담겨 있다. 장사현은 이 장면을 통해 일상의 사소한 행동 속에도 경건함과 성실함이 깃들 수 있음을 알려준다. 아내의 기도는 가족과 남편에게 보이지 않는 힘이므로, 작가는 그 힘을 모아 문예운동으로 돌려 삶과 문학을 이어가는 결심을 다진다. 가족의 안녕을 기원하는 작고 조용한 기도 제단이 삶과 문학을 지탱하는 근본적인 동력을 제공한다.

장사현의 문학은 한 인간이 가족을 통해 배우고 성장해 온 삶의 연대기이자 인간성 회복의 기록이라 할 수 있다. 그의 글에는 화려한 수사가 없지만, 삶의 고비마다 묻어나는 땀과 기도, 그리고 사랑이 있다. 아버지에게서 배운 품격, 어머니에게서 물려받은 따뜻한 손길, 아내에게서 얻은 묵묵한 신앙심은 모두 그의 문학적 자양분으로 뿌려진다. 이 화학적 변화는 단순히 개인의 가족사를 넘어, 인간이 서로를 어떻게 품고 살아야 하는가에 대한 '삶의 예의'를 보여준다.

3. 귀향의 문학의 언어

장사현의 삶은 문예운동이라는 울타리 속에서 이루어지고 있다. 문인들과 함께 만년의 생을 보내는 그곳에서만 그는 숨 쉬고 보람을 느낀다. 이는 공적이고 사회적인 활동이다. 한편, 외롭고 힘들 때면 강과 늪, 호수를 찾아 위로와 안식을 얻는다. 고요하고 아늑한 그곳에서는 아버지의 목소리, 어머니의 이야기, 아내의 기도 소리가 들려와 그의 번뇌를 가라앉혀 준다. 자연으로 귀환하는 이유는 단순히 멋있는 풍경 때문이 아니라, 자연이

품은 생명의 목소리를 듣기 위함이다. 이때만큼 작가로서, 인간으로서 진솔한 내면을 보여 주는 적이 없는데, 그런 모습을 우포늪, 자계서원, 유호연지, 춘양역 등에서 확인할 수 있다.

초임 순경 시절 근무했던 우포늪을 45년 만에 찾아간 작가는 그 감회를 〈우포늪에서 듣는 소리〉에 담았다. 한적한 자연 생태 공간에 다다른 그는 계절마다 다른 소리와 색을 지닌 늪의 생명력을 새롭게 의식한다. 근무 당시 물안개, 철새, 갈대, 바람이 숨 쉬던 곳이 관광 개발로 많이 훼손되었지만, 장사현에게 우포늪은 45년 전 그대로다. "우포늪은 숨 쉬는 거울과 같다."고 생각하면서, 자연을 잊은 인간을 반성하게 한다.

그 안에서 하루는 천천히 익고, 발소리는 파문처럼 번져 사라진다. 우포늪은 기억이고 숨결이며, 우리에게 남겨진 마지막 묵상이다. 우포늪은 우리의 어머니이자 아내처럼, 말없이 생명을 품고 넉넉히 돌보는 공간이다.
― 〈우포늪에서 듣는 소리〉에서

작가는 갈대의 속삭임, 철새의 울음, 도롱뇽의 발소리를 "하루가 천천히 익어가고 발소리"에 모으며, 자연의 풍요로운 언어에 귀 기울여야 한다고 일러준다. 자연의 섬세한 아름다움과 생명의 순환에서 느낀 감동을 훼손된 현실과 대비시켜 인간의 탐욕과 무관심에 경종을 울린다. 그의 문학정신과 글쓰기에 필요한 이러한 서정적 근원이 우포늪 같은 공간임을 보여준다.

〈유호연지〉는 작가 장사현의 현재 심정을 솔직하게 담아낸 글이다. 청도의 입향조 선비였던 이육 선생의 삶과 정신을 이어가고자 하는 마음이 진술하게 표현된 산문으로, 이 글에서 연지는 단순한 연못이 아니라 조선시대 절개를 간직한 상징적인 공간으로 그려진다. 유호연지는 문인의 뜻을 지키고 후학을 길러낸 장소를 대변한다. "나는 1990년대 후반부터 문예운동을 하고 있다."는 사실적 진술과 "찬란한 연지 위에 맑고 청정한 언어의 꽃이 피어 문향이 그윽하다."는 문학적 표현이 조화를 이루며, "연못은 모든 것을 품되 말이 없다."는 주제를 자연스럽게 드러낸다.

작가의 해석처럼, 연못과 문학은 모두를 조용히 품어내는 존재다. 이곳에서 작가는 나뭇잎이 떨어지는 소리와 사람의 눈물을 고요히 받아들이는 내면의 제어력을 갖추게 되었음을 보여준다.

작가에게 춘양은 언제나 격한 감동을 불러일으키는 장소다. 그곳에서 부모로부터 몸을 얻었으며, 유년기와 청년기의 빈곤을 이겨냈다. 무엇보다 문학적 자아를 물려받았으므로 춘양은 삶의 출발지이다. 고통스러운 비난과 배신을 당할 때 위로를 얻는 곳으로, 마음의 안식을 거두는 장소이기도 하다. 당연히 춘양에 있는 모든 것이 그에게 남다른 추억과 언어가 된다.

　춘양역과 춘양목은 잊힌 자아를 회복하고자 하는 영혼의 귀향처이자, 자아의 대표적인 상징을 이룬다. <춘양역에서>에서 역은 단순한 교통의 거점이 아니라 삶의 회귀점이자 그리움의 통로로 묘사된다. 도시 속에서 방황했던 그는 무궁화호를 타고 고향으로 돌아오면서, 과거와 현재, 떠남과 돌아옴, 인생과 여정이 한자리에 있음을 춘양역에서 발견한다.

　내면적 자화상 역할을 하는 <춘양목春陽木을 바라보며>에서 금강송의 곧은 줄기와 단단한 재질은 인간의 절개와 정신적 중심을 상징한다. 작가는 오랜 도회지 생활 속에서도 이 기풍을 잊지 않았음을 자랑스러워하며, 인간이 지녀야 할 의지와 품격의 표상으로 간주한다.

　　도회지에서 30년이 넘게 살아오면서 춘양목의 향기를 잊고 지냈다. 공직생활에서 보직과 진급을 위해 춘양목의 기풍과 기질을 외면할 때도 있었으며, 퇴임 후 개인사업과 문학 활동을 하면서도 수관樹冠이 좁은 소나무와 달리 방만하게 허둥대고 있었다. 멀리 산등성이에 고사목이 보인다. 온몸을 삭여 가며 관솔을 키우고 있다.

　　　　　　　　　　— <춘양목春陽木을 바라보며>에서

도회지에서 30년 넘게 그는 춘양목의 향기를 잊으면서 문학 활동에서 허둥대는 자신을 발견하곤 했다. 이처럼 '역'과 '나무'라는 두 사물은 그의 문학이 놓인 기반을 설명해준다. 춘양역이 외적 귀향, 즉 삶의 자리로 되돌아가는 길이라면, 춘양목은 내적 귀향, 곧 마음의 중심으로 되돌아가는 길이다.

서랍을 닫으며

장사현의 문학은 그의 삶과 결코 분리될 수 없다. 봉화의 산천과 사람들 속에서 체득한 인간 존중과 소박한 인심은 글 곳곳에 스며 있고, 고향의 자연은 언어를 빚어 그의 작품에 따뜻한 온기를 불어넣는다. 《시간의 이끼가 덮인 서랍》 전체에서 이러한 정서가 잔잔히 드러나듯, 그의 글은 삶의 경험과 문학적 성찰이 맞닿은 자리에서 빚어진다.

그는 문학을 개인의 명예가 아닌 사회적 문화로 이해하며, 여러 문학 단체와 지역 문예운동을 이끌면서도 늘 겸손과 배려로 후배 문인들을 아우르고 문학 공동체의 정신적 토대를 세웠다. 〈달개비꽃〉의 질긴 생명력과 〈춘양목〉의 굳은 뿌리가 상징하듯, 그의 글에는 인간과 삶을 잇는 다리가 놓여 있으며, 이는 곧 문학을 통한 존재와 인간성의 확장이다.

장사현의 글은 생의 고난을 문학으로 승화한 기록이자, 인간에 대한 깊은 애정과 삶을 긍정하려는 의지가 어우러진 성찰의 장이다. 《시간의 이끼가 덮인 서랍》은 단순한 작품집이 아니라, 삶과 문학이 서로 맞물려 만들어낸 미적 서랍으로서, 그의 글 속에서는 인간성과 문학적 깨달음이 동시에 살아 숨 쉰다.

장사현 수필집
시간의 이끼가 덮인 서랍
© 장사현, 2025

초판 1쇄 발행　2025년 10월 31일

지은이	장사현
펴낸이	유진서
펴낸곳	도서출판 진서
주　소	서울특별시 강남구 논현로 151길 41
전　화	02)544-3252
출판등록	제831-97-01460호
E-mail	yoo3252@hanmail.net
ISBN	979-11-982992-3-9

정가 17,000원

*이 책은 저작권법에 따라 보호받는 저작물이므로 무단 복제를 금합니다.
*이 책의 내용 전부 또는 일부를 이용하려면 반드시 저작권자와 도서출판 진서의 서면 동의를
　받아야합니다.